Essais historiques.

LE
DROIT DES PEUPLES
ET
LES INTERVENTIONS FRANÇAISES EN ITALIE

LE
DROIT DES PEUPLES

ET

LES INTERVENTIONS FRANÇAISES

EN ITALIE

PAR

S. B. Baron de MONTCLAR

PARIS

CH. DELAGRAVE ET C¹ᵉ, LIBRAIRES-ÉDITEURS

RUE DES ÉCOLES, 58

1869

J'ai cru qu'il pouvait y avoir quelque utilité à étudier les manuscrits dans lesquels se trouvent à la fois l'histoire du suffrage universel et celle des origines de la souveraineté temporelle.

Je voudrais, m'emparant des documents qui nous ont été laissés, reconstruire ces édifices du moyen âge abattus par le temps ;

Faire surgir, en quelque sorte, des siècles déjà si loin de nous ;

Et avec les écrits de ceux qui vivaient au milieu d'elle, appeler l'attention sur une époque remplie par la gloire, par les conquêtes et par la prépondérance de la France.

« Lorsqu'ils ont longtemps et glorieusement

vécu, les peuples, quoi qu'ils fassent, ne sauraient rompre avec leur passé ; ils subissent son influence au moment même où ils travaillent à la détruire ; du sein de leurs plus éclatantes transformations, ils restent pour l'essentiel de leur caractère et de leur destinée, tels que les a faits leur histoire. Il n'y a point de révolution, si hardie et si puissante qu'elle soit, qui abolisse les longues traditions nationales. » GUIZOT.

LE
DROIT DES PEUPLES

ET

LES INTERVENTIONS FRANÇAISES EN ITALIE

CHAPITRE I

Les causes des Révolutions datent de plus loin que ne le dit l'histoire.

L'époque dans laquelle nous entrons est celle de la première révolution française.

Les Francs vont réclamer pour eux-mêmes le droit de donner leur avis dans les questions qui intéressent la nation tout entière.

Déjà l'on remarquait le réveil de l'opinion, ce précurseur des révolutions, s'exprimant par des plaintes qui, non écoutées et plus ou moins comprimées, allaient, lorsqu'un chef capable se présenterait aux regards du peuple, le porter à demander justice puis à changer de dynastie.

Trente-cinq ans auparavant, un fait semblable s'était produit en Bourgogne et en Neustrie.

Pépin d'Héristal fut appelé dans ces royaumes et y arriva en vengeur des opprimés. La victoire de Testry (687), où eurent lieu la défaite et la mort de Bertaire, à la fois maire de Bourgogne et de Neustrie, réunit le pouvoir sur sa tête. Il n'avait permis aux Francs Austrasiens qui voulaient le nommer leur roi, que de le nommer leur duc. Il prit dès ce moment le titre de prince des Francs, laissa à Thierry III, son nom de roi, son oisiveté, ses palais, et rendit héréditaire dans sa famille la mairie des deux royaumes qu'il avait délivrés d'un régime oppresseur.

Son petit-fils Pépin avait succédé à Charles-Martel. Ambitieux, mais sage et prudent dans ses entreprises, il s'appliquait à gagner le clergé, la noblesse et le peuple, par sa modération et par sa justice.

Les Français commençaient à comprendre qu'une classe de citoyens ne doit pas opprimer les autres et que ceux qui participent *pour la plus large part* aux charges de l'État ont bien le droit d'avoir *leur part* de contrôle dans les affaires publiques.

Le peuple français menacé au dehors, contraint au dedans, sortait de l'apathie dans laquelle on le croyait plongé.

«Les causes des révolutions, observe judicieusement M. Guizot, sont toujours plus générales qu'on ne le suppose; l'esprit le plus pénétrant et le plus vaste ne l'est jamais assez pour percer jusqu'à leur première origine, et les embrasser dans toute leur étendue. Et je ne parle pas ici, continue le savant historien, de cet enchaînement nécessaire des événements qui fait qu'ils naissent certainement les uns des autres, et que le premier jour portait dans son sein l'avenir tout entier. Indépendamment de ce lien éternel et universel de tous les faits, il est vrai de dire que ces grandes vicissitudes des sociétés humaines que nous appelons des révolutions, le déplacement des pouvoirs sociaux, le bouleversement des formes du gouvernement, la chute des dynasties, datent de plus loin que ne le dit l'histoire, et proviennent de causes bien moins spéciales que celles qu'elle leur attribue communément. En d'autres termes, les événements sont plus grands que ne le savent les hommes, et ceux-là même qui semblent l'ouvrage d'un accident, d'un individu, d'intérêts particuliers ou de quelque circonstance extérieure, ont des sources bien plus profondes et une bien autre portée. »

Bossuet avait dit avec non moins d'éloquence :

«Quand le temps fut arrivé que l'empire romain devait tomber en Occident et que la Gaule devait devenir France, Dieu ne laissa pas longtemps sous des princes idolâtres une si noble partie de la chrétienté; et voulant transmettre au roi des Français la garde de son Église, qu'il avait confiée aux empereurs, il donna non-seulement à la France, mais à tout l'Occident, un nouveau Constantin en la personne de Clovis... Saint Remy vit en esprit qu'en engendrant à Jésus-Christ les rois de France avec leur peuple, il donnait à l'Église d'invincibles protecteurs. Ce grand saint et ce nouveau Samuel, appelé pour sacrer les rois, sacra ceux-ci, comme il dit lui-même, « *pour être les perpétuels défenseurs de l'Eglise et des pauvres.* » Après leur avoir enseigné à faire fleurir les Églises et à rendre les peuples heureux (je ne fais ici que réciter les paroles de cet apôtre des Français), il priait Dieu nuit et jour qu'ils persévérassent dans la foi et qu'ils régnassent selon les règles qu'il leur avait données, leur prédisant en même temps qu'en dilatant leur royaume, ils dilateraient celui de Jésus-Christ et que, s'ils étaient fidèles à garder les lois qu'il leur prescrivait de la part de Dieu, l'empire romain leur serait donné : en sorte que des rois de France sortiraient des empereurs dignes de ce nom qui feraient régner Jésus-Christ... »

Anastase II, du temps de Clovis, dit voir dans le royaume de France nouvellement « converti une colonne de fer que Dieu élevait pour le soutien de la sainte Église pendant que la charité se refroidissait partout ailleurs. » Pélage II se promet, des descendants de Clovis, comme des voisins de l'Italie et de Rome, la même protection pour le Saint-Siége qu'il avait toujours reçue des empereurs ; et saint Grégoire, le plus saint de tous, enchérit aussi sur ses prédécesseurs, lorsque, touché de la foi et du zèle de ces rois, il les met autant au-dessus des autres souverains que les souverains sont au-dessus des autres particuliers. Les enfants de Clovis ne marchèrent pas dans les voies que saint Remi leur avait marquées : Dieu les rejeta de devant sa face, mais il ne retira pas ses miséricordes de dessus le royaume de France. Une seconde race fut élevée sur le trône. Dieu s'en mêla, et le zèle de la religion s'accrut par ce changement : témoin tant de papes réfugiés, protégés, rétablis et comblés de biens sous cette race.

TESTAMENT DE SAINT REMI.

... Si vero Dominus meus Jesus-Christus vocem orationis meœ, quam quotidie progenere illo in conspectu divinæ majestatis specialiter fundo, audire dignatus fuerit, ut sicut a me accepit, ita in dispositioné regni, et ordinatione sanctæ Dei ecclesiæ perseveret, benedictionibus quas Spiritus sanctus per manum meam peccatricem super caput ejus infudit, plurimæ super caput ejus infudit, plurimæ super caput illustrius per eumdem Spiritum sanctum superaddantur; et ex ipso Reges et Imperatores procedant, qui in præsenti et in futuro, juxta voluntatem Domini, ad augmentum sanctæ suæ Ecclesiæ, virtute ejusdem in judicio et justitia confirmati et corroborati, regnum obtinere atque augere quotidie valeant : et in domo David, hoc est in cœlesti Hierusalem, cum Domino in æternum regnaturi, sublimari mereantur. Amen.

Peractum Remis, die et consule supradicto, intercedentibus et mediis signatoribus.

✠ Ego Remigius episcopus testamentum meum religi, signavi, subscripsi, et in nomine Patris, et Filii, et Spiritus sancti, Deo adjuvante, complevi (1).

Pépin d'Héristal, le vainqueur de Testry, et Charles-Martel, le vainqueur de Poitiers, avaient préparé l'avénement de la dynastie carlovingienne.

(1) *Testamentum ab ipso editium.*

... Mais si mon Seigneur Jésus-Christ daigne entendre les prières que tous les jours je lui adresse, en présence de la majesté divine, spécialement pour cette race royale, afin que, fidèle aux instructions qu'elle a reçues de moi, elle persévère dans la sage administration du royaume et la protection de la sainte Église de Dieu, qu'aux bénédictions que le Saint-Esprit a répandues par ma main pécheresse sur la tête de son chef, le même Saint-Esprit répande encore des bénédictions plus abondantes sur sa tête et sur une tête plus illustre, et que les rois et les empereurs qui procèdent de lui, pour le temps présent et pour l'avenir, soient fortifiés par sa grâce et affermis dans l'équité, en servant à l'accroissement de sa sainte Église selon la volonté du Seigneur ; qu'ils obtiennent de conserver le royaume et d'en reculer les limites, et puissent-ils mériter de régner éternellement dans la maison de David qui est la céleste Jérusalem avec le Seigneur. *Amen.*

Fait à Reims, ce même jour, et sous le consul susnommé, en présence et avec la participation des soussignés.

✠ Moi Remi, évêque, j'ai relu, signé et enregistré mon testament, et au nom du Père, du Fils et du Saint-Esprit, et avec l'aide de Dieu, il a été scellé.

(*Suivent les signatures des témoins.*)

(Flodoardi, *Historiæ ecclesiæ Remensis, lib.* I, cap. xviii.

Pépin le Bref arriva au trône par une politique qui paraît extraordinaire pour le siècle où il vivait. Il jugea que, si les premiers maires avaient pu se permettre les plus grandes injustices pour arriver au pouvoir, il n'y avait plus que la justice qui pût légitimer l'ambition et affermir l'autorité.

Le peuple fut rappelé dans les assemblées de la nation.

Tout préparait une révolution.

Les Français la désiraient par lassitude de l'administration présente.

Pépin profita habilement de cette disposition des esprits pour arriver à la royauté, mais il voulut la recevoir comme un don de son peuple, et le peuple de son côté ne la donna qu'après avoir consulté le pape Zacharie sur les droits de Pépin et de Childéric.

CHAPITRE II

Droit populaire et droit divin.

Nous aurons quelquefois dans ces essais à parler de l'enseignement des pères et des docteurs de l'Eglise sur les droits du peuple. Il sera peut-être de quelque intérêt de donner ici leur témoignage au moment où ce droit va, pour la première fois, s'exercer avec l'assentiment du pontife romain. C'est l'Église qui a initié les peuples à la liberté et ceux qui accusent le catholicisme de conspirer contre les droits imprescriptibles des nations n'ont jamais entendu la voix des grands écrivains de la tradition chrétienne.

Saint Jean Chrysostome s'exprime ainsi : « On m'oppose que pour moi tout roi est nommé et constitué immédiatement par Dieu. Non, ce n'est pas ma pensée. Tout ce que j'ai dit sur ce sujet ne doit pas s'appliquer à chaque roi en particulier, mais à toute royauté en général. Car, que dans toute société doive se trouver un pouvoir où se trouvent des hommes qui commandent et d'autres qui leur soient subordonnés, c'est cette loi que je regarde comme l'œuvre que la sagesse de Dieu a établie, afin que les choses publiques ne marchent pas d'après les règles du hasard et du désordre. Saint Paul est lui-même de cet avis, car il ne dit pas que tout *roi* vient de Dieu, mais que tout *pouvoir* vient de Dieu, et par là il nous a assez clairement appris que Dieu n'est pas toujours celui qui indique la personne, mais celui qui a institué la chose. »

Le père Bianchi, dans son *Traité sur la puissance ecclésiastique,* n'hésite pas à affirmer que le sentiment commun des théologiens et des canonistes a toujours été que la source du pouvoir civil réside dans la multitude qui le transfère aux rois et autres princes séculiers, et il renvoie ses lecteurs à la longue liste que l'illustre jésuite Suarès a tracée de ces théologiens et de ces canonistes.

D'après saint Isidore de Séville, la loi politique *n'est* que la constitution du peuple, car elle *n'est* que l'ensemble des déterminations prises et sanctionnées de commun accord par la noblesse et par le peuple.

Pour saint Thomas, cité par le Père Ventura dans son remarquable ouvrage sur le pouvoir public, la domination ou la souveraineté des princes dérive directement du droit purement humain, ou de la multitude, ou de la communauté civile. Cette communauté seule a d'abord la faculté de faire des lois et de veiller à leur exécution, et, si le prince a cette même faculté, il ne l'a qu'en tant qu'il l'a reçue directement de la multitude à qui en a été confié le dépôt.

Saint Thomas, répondant à cette question : Les chrétiens peuvent-ils obéir à des princes infidèles et être leurs sujets, s'exprime ainsi : « Sur ce point, il faut remarquer d'abord que toutes les dominations et toutes les supériorités existantes (dans l'ordre politique) ont été introduites par le droit humain et qu'au contraire la distinction de fidèles et d'infidèles résulte du droit divin. Or, le droit

divin qui découle de l'ordre de la grâce ne ren-
verse pas le droit humain qui surgit de la raison
humaine ou de l'ordre de la nature. Par conséquent, la distinction de fidèles et d'infidèles ne
détruit pas la domination et la souveraineté des
princes infidèles sur les fidèles. — Mais le pouvoir
pour être de Dieu n'en est pas moins soumis au
contrôle et au jugement de la multitude. »

Il y a des auteurs qui pensent, ajouterons-nous
avec saint Thomas, que, lorsque la tyrannie est
devenue intolérable par ses excès, il appartient à
quelques hommes courageux de tuer le tyran et
de s'exposer eux-mêmes à perdre la vie pour délivrer la multitude opprimée. Mais cette doctrine
n'est pas conforme à la doctrine apostolique, car
saint Pierre nous ordonne de rendre hommage et
d'être soumis à nos supérieurs, non-seulement
justes et modérés, mais aussi durs et intraitables,
en affirmant que ce qui constitue le mérite devant
Dieu, c'est de souffrir avec patience des désagré-
ments qu'on n'a pas mérités restant fidèles aux
devoirs que Dieu impose. C'est pourquoi, lorsque
les empereurs romains persécutaient tyrannique-
ment la foi de Jésus-Christ, les premiers chrétiens,
quelque grande que fût leur multitude non-seulement parmi les nobles, mais aussi parmi le peu-

ple n'ont jamais résisté à leurs persécuteurs, mais ils acceptaient avec résignation de leurs mains même la mort, et lors même qu'ils se trouvaient armés, ils n'ont jamais tourné leurs armes contre leurs souverains, mais ils se faisaient tuer pour l'amour de Jésus-Christ comme le prouve cette sainte légion Thébaine qui a reçu tant d'éloges.

Mais, d'autre part, saint Thomas a dit ceci :

« Il est raisonnable de dire qu'il n'appartient pas à quelques hommes privés de décider sur la cruauté des tyrans et d'en faire justice, mais que, dans de pareils cas, l'autorité publique seule a le droit de procéder et d'agir. »

Voici comment, d'après le père Bianchi, il faut entendre cette doctrine de saint Thomas que nous ne citerons pas plus longuement : « Il ne faut pas penser que ce droit naturel de résister, et même s'il est besoin par la force des armes, aux violences d'un prince qui serait pour son propre État une cause de ruine, puisse être invoqué indifféremment par chaque individu. Ce droit n'appartient qu'à la communauté du peuple, car de même que ce n'est pas à quelques particuliers seulement, mais à la *communauté prise dans son ensemble* que la nature a conféré le droit de se donner un souverain, ainsi il n'appartient qu'au peuple entier de déposséder ce même souverain, lorsque celui-ci abuse de son pouvoir en le faisant tourner contre la fin même pour laquelle il a été investi. »

D'après le jésuite Suarès, toute république peut avoir le droit de déposer le souverain à titre d'une défense nécessaire à sa conservation. Et Zallinger, publiciste distingué de la compagnie de Jésus, ajoute : « Certainement le prince n'a d'autorité qu'autant que le peuple lui en a conféré, en vertu du contrat par lequel il s'est donné à lui. »

Nous bornerons là nos citations pour le moment. On ne peut disconvenir que la religion chrétienne n'ait seule affirmé les droits du faible aussi bien que ceux du fort, que, la première, elle n'ait parlé d'une égalité que, seule, elle peut maintenir.

« Le christianisme avançait changeant non de principes, mais de moyens, d'âge en âge, s'accroissant par les persécutions et s'élevant quand tout s'abaissait (1). »

Un penseur allemand a dit qu'il n'y avait d'autre philosophie que la religion chrétienne et ce n'est pas, observe madame de Staël, «pour ex-

(1) Chateaubriand.

clure la philosophie qu'il s'est exprimé ainsi, c'est parce qu'il était convaincu que les idées les plus hautes et les plus profondes conduisaient à découvrir l'accord singulier de cette religion avec la nature de l'homme. »

CHAPITRE III

**Élection de Pépin. — L'Aquitaine. — M. Guizot et
dom Vaissette.**

Reprenons nos considérations historiques sur
l'avénement de la monarchie Carlovingienne.

Pépin et les Francs envoyèrent à Rome Bouchard, évêque de Wissembourg.

Cette question fut posée au pape Zacharie :

« Lequel est le plus digne d'être roi : celui qui,
pour la paix et pour l'union, prend grande peine ou
celui qui est abandonné à la nonchalance et qui
se contente d'être nommé roi? »

Le pape répondit :

« Celui-là doit être appelé roi lequel gouverne, conduit bien la chose publique et en fait son œuvre habituelle. »

Les Français ayant retrouvé leurs assemblées, la première charte fut discutée et établie ainsi :

Si nous avons un roi poltron et paresseux, qui nous pourra défendre ?

Car le proverbe dit que les lions eux-mêmes peuvent être vaincus s'ils sont conduits par un cerf.

Tel est le roi, tel est le royaume. Là où le roi est négligent, le peuple est rendu incapable.

Le prince ne doit faire son peuple plus sujet qu'il ne doit l'être.

Il doit avoir autour de lui des serviteurs utiles ;
Prendre tout avec mesure.

Il ne doit point avoir chevaux superflus.

Il évitera la trop grande quantité de ménétriers.

Il évitera les femmes illicites ;

Ne corrompra pas le peuple par son exemple.

Il n'aura pas plusieurs femmes, lira volontiers de bons livres, s'entourera de ceux qui enseignent les lettres.

Il jurera de ne faire aucune alliance qui ne soit pour la conservation du peuple ; le défendra contre les mécréants Sarrasins.

« Tout ceci bien vu entre les Francs, ils furent

élire Pépin qui eut la gloire de voir toute la nation concourir à son élection, à la réserve des Aquitains qui, à ce qu'il paraît, n'y eurent aucune part. » (Dom Vaissette.)

« Pépin fut élu du consentement de tous les Francs, » dit encore Frédégaire.

« Il n'est pas nécessaire, dit l'abbé de Mably, que je m'étende à donner les preuves de cette première révolution, tous nos historiens convenant que le champ de Mars ne fut plus régulièrement convoqué sous les petits-fils de Clovis. Etablir l'époque fixe où il fut assemblé pour la dernière fois est je crois une chose impossible. Je me contenterai de remarquer qu'il fallait que l'idée des assemblées générales fût bien oubliée sous le règne de Clotaire puisque, après le supplice de Brunehaut, étant question de réformer le gouvernement, l'assemblée qui se tint à Paris, en 615, n'était composée que d'Évêques et de Leudes. L'art. 24 de l'ordonnance qu'elle publie en est la preuve. »

Aussitôt après son élection, Pépin alla combattre les ennemis de la France et ordonna les divers services de l'État.

Il sut ne pas se laisser enivrer par la faveur inconstante de sa nation et s'écarta plus que jamais des principes despotiques de son père.

Voici ce que dit de ces événements Angilbert qui dut écrire ces lignes vers 792 :

« Avant que la France n'eût été réunie sous la domination du vertueux Pépin, elle était sous la domination de plusieurs souverains, qui, trop serrés dans les bornes de leurs domaines, cherchaient à les étendre par des guerres injustes qu'une trop grande proximité fomentait entre eux. Et les peuples, d'autant plus à plaindre que leurs richesses ne pouvaient échapper à l'ennemi que pour tomber dans les mains de leurs propres maîtres, étaient forcés d'abandonner leurs héritages. Pour éviter ce joug odieux, ils couraient en foule grossir les États du vertueux Pépin. »

M. Guizot explique ainsi la cause de la chute des Mérovingiens.

« Voici dans quels faits cette cause, seule nationale et peut-être seule décisive, me semble clairement révélée :

« Personne n'ignore ces fréquents partages d'États qui, à la mort des rois francs, avaient lieu entre leurs enfants. J'en étudierai ailleurs le système et le mode. Cinq partages de ce genre furent faits sous les rois mérovingiens : en 511, après Clovis Ier ; en 561, après Clotaire Ier ; en 628, après Clotaire II ; en 638, après Dagobert Ier ; en 656, après Clovis II.

« La situation, l'étendue, les capitales, les noms même des royaumes varièrent souvent. On en compte communément quatre, le royaume d'Austrasie, de Bourgogne, de Neustrie et d'Aquitaine. Mais cette division n'acquit aucune fixité. Le nouveau royaume de Bourgogne, qui s'était formé après la défaite des anciens rois bourguignons par les enfants de Clovis, fut envahi tantôt par les rois d'Austrasie, tantôt par les rois de Neustrie. Le royaume d'Aquitaine tient peu de place dans l'histoire. La division fondamentale et permanente s'établit entre les royaumes de Neustrie et d'Austrasie, les deux principaux et les derniers survivants. »

Malgré l'autorité de M. Guizot nous ne pouvons accepter pour l'Aquitaine le rôle effacé qu'il lui assigne dans l'histoire.

Le duc d'Aquitaine Eudes, qui vivait à la même époque que Pépin d'Héristal et Charles-Martel, « fit parler de lui, en son temps, mais n'est pas bien connu dans le nôtre. » Ce sont les paroles de dom Vaissette.

Les historiens austrasiens, entièrement dévoués à la race de Charlemagne et qui sont presque les seuls qui nous restent de ce temps-là, n'ont rien négligé pour le rabaisser, ainsi que ses successeurs,

On voit cependant, par ce que ces historiens ont laissé échapper et par quelques autres monuments, que ce duc n'en fut pas moins un très-grand prince, et il nous paraîtrait encore plus grand s'il avait eu le même bonheur que Charles-Martel, et autant de panégyristes. On l'a presque regardé comme un aventurier qui profita des troubles du royaume pour se rendre souverain indépendant de la couronne; si l'on considère pourtant son extraction royale, il ne paraîtra pas extraordinaire qu'il ait prétendu à une partie de la monarchie et qu'il se soit opposé de toutes ses forces aux entreprises de Charles-Martel, qui voulait envahir toute la France à son préjudice et à celui de la famille régnante (1).

Les suites de la bataille de Testry avaient causé divers troubles dans le royaume, surtout dans l'Aquitaine.

Les ducs ou gouverneurs de province refusèrent de se soumettre à des souverains, se trouvant sous l'autorité de maires du palais, qui faisaient assez connaître leurs desseins ambitieux.

De ce nombre furent les Aquitains, à la tête

1. Dans une inscription de l'an 716, trouvée en 1279 à Saint-Maximin, en Provence, Eudes est appelé *Francorum rex*, roi des Français.

desquels était le célèbre Eudes. Après la bataille de Testry, Eudes se déclara souverain et régna sur toute la partie de la France située entre la Loire, l'Océan, les Pyrénées et la Septimanie. Il ajouta aux États qu'il possédait déjà : le Berry, l'Auvergne, le Limousin, le Bourbonnais, le Rouergue, l'Albigeois, le Velay, le Gévaudan et l'Uzége ; en sorte que le duc d'Aquitaine étendit sa domination sur tout le Languedoc français, à lá réserve du Vivarais qui, étant un pays dépendant du royaume de Bourgogne, demeura soumis au gouvernement de Pépin d'Héristal avec le reste du royaume. Eudes régna aussi sur une partie de la Provence et en particulier sur le diocèse d'Arles ; mais, comme nous savons d'ailleurs que ce pays avait fait partie du royaume de Caribert, ce duc le posséda sans doute comme le patrimoine de ses ancêtres et de son ancien duché de Toulouse. Il est certain que cette ville fut la capifale de Caribert et des ducs héréditaires d'Aquitaine.

En 711, la bataille de Xérès de la Frontera avait décidé de la chute des Visigoths et de l'établissement des Sarrasins en Espagne.

Ce peuple, sorti de l'Arabie, qui combattait pour conquérir des royaumes et étendre sa religion, avait déjà changé la face de l'Asie et de l'Afrique, et, se

répandant des Pyrénées dans la Septimanie, s'a-
vançait dans les Gaules et menaçait la France de
la servitude.

Voici les causes qui déterminèrent l'invasion
des Sarrasins, invasion qui eut pour résultat le
grand fait de la bataille de Poitiers.

Un général arabe, né maure ou africain, Manusa, homme courageux et déterminé, informé
des maux que les Sarrasins faisaient souffrir en
Afrique aux Maures, ses compatriotes, et des
vexations continuelles que leurs gouverneurs
leur suscitaient tous les jours, avait résolu de
les délivrer de la tyrannie à laquelle ils étaient
assujettis et de les rétablir dans leur ancienne
liberté. Dans cette vue, il avait fait la paix avec
Eudes et s'était allié à lui. Mais le gouverneur
général des Sarrasins d'Espagne, Abdérame, qui
tenait alors sa cour à Cordoue, découvrit cette
conspiration.

Manusa fut surpris et investi au moment où il
s'y attendait le moins.

Incertain du parti qu'il avait à prendre, il se jeta
avec précipitation dans une ville de la Cerdagne,
appelée anciennement Julia-Livia, près des ruines
de laquelle on a bâti la forteresse de Puycerda.

Abdérame, satisfait d'avoir enfermé son ennemi,

forma aussitôt le siége de cette place et le poussa très-vivement.

Manquant de ressources et d'eau, Manusa trouva le moyen de s'évader.

Poursuivi, il erra dans les montagnes dont il connaissait parfaitement les détours. Il aurait peut-être échappé, si le désir de sauver sa femme, fille du duc d'Aquitaine, qu'il aimait passionnément, n'eût retardé sa marche. Les troupes d'Abdérame eurent ainsi le temps de l'atteindre et de l'envelopper. Manusa aima mieux se donner la mort que de tomber dans les mains de ses ennemis ; il se précipita du haut d'un rocher.

Un historien contemporain remarque que ce général maure méritait une telle fin par les cruautés qu'il avait exercées envers les chrétiens et en particulier sur un évêque appelé Anambade qu'il avait fait brûler tout vif à la suite de la prise d'une place.

Quant à la princesse d'Aquitaine, « suites funestes d'un mariage où l'intérêt du duc, son père, avait eu plus de part que son inclination ! » arrêtée et conduite à Abdérame, ce général l'envoya aussitôt à Damas, à cause de sa beauté, pour entrer dans le sérail du calife.

Abdérame dirigea immédiatement ses troupes

vers les États du duc Eudes. Il prit sa route du côté de Pampelune et de Navarre, d'où il entra dans la Gascogne après avoir passé le col des Pyrénées, qui séparaient cette province de l'Espagne.

Les Sarrasins portèrent la dévastation et le deuil dans tous les pays qu'ils traversèrent sans obstacles. Bordeaux fut pris et livré au pillage.

Le duc Eudes, ayant rassemblé à la hâte le plus de troupes qu'il put et n'ayant pas eu le temps de secourir la Gascogne, attendit Abdérame. Les deux armées se rencontrèrent après le passage de la Dordogne; mais les efforts des Aquitains furent inutiles. Ils furent battus, mis en fuite, après avoir perdu la plus grande partie de leur armée.

« Le nombre de chrétiens qui furent tués dans cette sanglante bataille, fut si grand, dit Isidore de Béja, historien contemporain, qu'il n'y a que Dieu seul qui ait pu le savoir. »

Eudes fut vivement poursuivi par l'armée victorieuse qui brûla et ruina impunément tout ce qu'elle trouva sur son passage, à la réserve des places fortes que leur situation avantageuse mit à l'abri de la fureur des Sarrasins. Le duc d'Aquitaine se voyant sans ressources et dans le danger de perdre le reste de ses États, prit le parti d'implorer la protection de Charles-Martel, et d'aller trouver ce prince.

La réconciliation qui se fit entre Eudes et Charles-Martel fut sans doute sincère et de bonne foi puisqu'elle ne fut plus troublée.

Eudes mourut en 735.

Son fils aîné, Hunold, lui succéda. Il fut duc d'Aquitaine et de Toulouse et étendit son autorité sur le Toulousain, l'Albigeois, le Gévaudan, le Velay et le pays d'Usez.

Hunold régna aussi sur toute la Gascogne et une partie de la Provence. Mais les Sarrasins enlevèrent bientôt ce dernier pays que Charles-Martel reprit sur ces infidèles. Le savant dom Vaissette nous donne ainsi l'exposé des événements qui se sont passés en Aquitaine jusqu'au huitième siècle : « Pour donner une légère idée des principaux événements qui doivent faire le fond de l'histoire du Languedoc, dit-il, le premier qui se présente, c'est la sortie de ces anciens peuples qui portèrent le nom et la gloire des armes des Gaulois dans la Germanie, la Pannonie, l'Illyrie, la Thrace et la Grèce, subjuguèrent une grande partie de l'Asie mineure et firent rechercher leur amitié et leur secours par la plupart des princes ou des peuples de l'ancien monde.

« La république romaine ajouta dans la suite cette province à sa domination, moins par la force des armes que par la soumission volontaire des peuples. Aussi leur accorda-t-elle des priviléges singuliers. La Narbonnaise, qui avait déjà pris en partie la politesse des Grecs, acheva d'adoucir ses mœurs par son commerce avec les Romains. Dans peu on ne la distingua plus des provinces les plus civilisées de l'Italie. Ses habitants furent les premiers des Gaulois admis dans le sénat, et elle fournit à Rome, non-seulement un grand nombre de sénateurs d'un mérite distingué, mais encore divers empereurs, des capitaines, des consuls, plusieurs autres magistrats et des gens de lettres qui se rendirent également recommandables.

« La Provence éprouva, comme les autres parties de l'empire d'Occident, les funestes suites de sa décadence. L'empereur Honoré en céda une partie aux Visigoths et les successeurs de ce prince furent enfin obligés de leur abandonner le reste.

« Ces peuples établirent aussitôt dans le pays le siége de leur empire dont ils fixèrent les limites en deçà et en delà des Pyrénées et formèrent ainsi un royaume très-considérable. Ils perdirent environ un siècle après la meilleure partie de leurs États dans la Gaule, que les Français leur enlevèrent, ce qui engagea leurs rois à transférer leur siége en Espagne. Ils conservèrent la Septimanie ou Narbonnaise, qui, étant province frontière de ces deux nations jalouses, devint le théâtre de la guerre toutes les fois qu'il s'éleva quelques différends entre elles.

« Le royaume des Visigoths fut détruit par les Sarrasins qui envahirent sur eux l'Espagne et la Septimanie au commencement du huitième siècle. Les infidèles, non contents d'avoir subjugué cette dernière province, portèrent de là leurs courses dans le reste des Gaules. Charles-Martel et Eudes, duc d'Aquitaine, les battirent en diverses rencontres. La gloire de les chasser entièrement au delà des Pyrénées fut réservée à Pépin le Bref qui unit à la couronne tout le Languedoc dont ses prédécesseurs n'avaient possédé jusqu'alors qu'une partie.

« Ce prince pour récompenser la soumission volontaire des peuples de cette province, les maintint dans leurs usages et leurs libertés. »

L'Aquitaine, on vient de le voir, ne resta pas étrangère à ce mouvement national qui amenait la France à l'accomplissement de sa mission religieuse et civilisatrice.

C'est ce qu'établissent d'une manière irréfutable les Bénédictins, le célèbre dom Vaissette à leur tête.

M. Guizot, en étudiant les causes de la chute des deux premières races, voit : « dans la réunion à la France des provinces méridionales, la victoire d'un peuple sur un peuple, la fondation d'un nouveau royaume par des conquérants nouveaux. »

Nous citerons en entier ce passage de l'illustre historien :

« Lorsque, dans la première moitié du huitième siècle, dit-il, la Neustrie fut tombée en proie à des désordres sans cesse renaissants, au milieu des chutes continuelles de ses maires du Palais aussi bien que de ses rois, les Francs d'Austrasie se trouvèrent au contraire ralliés autour d'une famille puissante et glorieuse : dans les expéditions de Charles-Martel, ils avaient parcouru à sa suite la Gaule tout entière ; la France romaine céda à l'ascendant de la France germaine ; les rois de la France romaine ne purent se soutenir en face de ces chefs de guerriers venus encore des rives du Rhin ; les maires du palais de Neustrie, chefs d'une aristocratie à demi gauloise et bien plus dispersée, bien plus amollie que l'aristocratie austrasienne, ne parvinrent pas à prendre définitivement la place de leurs rois; aux maires d'Austra-

sie seul réussit cette entreprise, parce que leur ambition personnelle était à la tête d'un mouvement
national; il y eut comme une seconde invasion de
la Gaule par les Germains ; et un événement où
l'on ne voit d'ordinaire qu'un changement de dynastie fut, au fait, la victoire d'un peuple sur un
peuple, la fondation d'un nouveau royaume par
des conquérants nouveaux. »

Nous ne voyons dans la réunion des provinces
méridionales au reste de la France que la résolution subite et violente que fait naître une invasion étrangère chez un peuple ayant à défendre
son pays, sa foi, sa liberté.

Les anciennes *Annales d'Aniane* écrites par un
auteur contemporain disent que, dans le temps de
l'élévation de Pépin sur le trône, pendant qu'il
était proclamé à Soissons et sacré par l'archevêque Boniface, au commencement du mois de mars
752 et que Chilpéric était déposé par la même
assemblée, un seigneur Goth nommé Ansémond
était maître des villes de Nîmes, de Maguelonne,
d'Agde et de Béziers dont il avait formé un petit État. Ce seigneur ou gouverneur particulier
du pays avait sans doute chassé les Sarrasins de
toutes ces villes, ainsi que firent alors plusieurs
autres seigneurs Goths d'Espagne qui, par leurs

conquêtes sur les Maures, donnèrent lieu à l'établissement de plusieurs principautés en Espagne.

Ansémond pouvait d'ailleurs s'être emparé très-aisément de ces places que Charles-Martel avait déjà fait démanteler, mais il avait lieu de craindre que les Sarrasins, qui étaient toujours maîtres de Narbonne, ville forte et bien munie, ne les reprissent sur lui avec la même facilité, ce qui le fit résoudre à prendre des mesures afin de ne pas retomber avec les peuples du pays, sous la domination des infidèles.

Le duc d'Aquitaine Waifre avait aussi des vues sur la Septimanie, et fit des efforts pour la soumettre à sa domination. Cette province était d'autant plus à sa convenance, qu'elle était limitrophe de ses États et que, par sa conquête, il pouvait espérer d'en fermer pour toujours l'entrée aux Sarrasins. Mais Ansémond et les autres seigneurs de la Septimanie aimèrent mieux vivre sous la dépendance de Pépin, que sous celle de Waifre, et appelèrent Pépin, qui partit aussitôt et, à son arrivée dans cette province, Ansémond et les autres comtes Goths, lui livrèrent les villes et le pays de Nîmes, d'Agde, de Béziers et de Maguelonne, dont ce nouveau roi prit possession. Pépin acquit une grande partie de la Septimanie

« par la soumission *volontaire des peuples* du pays. »
(Dom Vaissette.)

Les Sarrasins, maîtres de Narbonne, n'omirent rien pour mettre cette ville en état de soutenir un long siége et de faire une vigoureuse défense.

Pépin, obligé d'aller au secours des Romains et du pape Étienne, avait laissé une armée devant Narbonne. Les Francs, après sept ans de blocus ou de siége, désespéraient presque de prendre la ville, mais les habitants qui, pour la plupart, étaient Goths et chrétiens, souffraient impatiemment le joug des Sarrasins. Des intelligences secrètes s'établirent entre eux et l'armée française. Les Francs s'engagèrent solennellement et avec serment de les maintenir dans l'usage de leurs lois et de leurs coutumes s'ils voulaient leur livrer la place, ce qu'ils pouvaient faire fort aisément ; à ces conditions proposées et acceptées de part et d'autre, les Goths prirent les armes, et se rendirent maîtres de Narbonne, après avoir égorgé les Sarrasins qui se trouvèrent dans leur ville ; conformément à leur traité, ils livrèrent la place en 759, aux troupes du roi Pépin. Narbonne fut délivrée du joug des infidèles qui l'avaient possédée pendant quarante années.

« Ce n'est donc pas par droit de conquête que

cette province a été réunie à la couronne de France, mais par un traité solennel suivant lequel les Goths, qui l'occupaient en vertu de la cession des empereurs romains, la cédèrent à leur tour aux Français, qu'ils appelèrent à leur secours pour éviter la domination des infidèles (1). »

Ce fut là le principal fondement des libertés du pays, établi sur des *traités solennels*. Pépin protégea les chrétiens et leur rendit l'ancienne liberté dont ils avaient été privés sous la domination des Sarrasins.

En ce même temps, disent les *Annales de Metz*, le duc Solinoan, qui commandait en Catalogne, se fit aussi son vassal, et se soumit à lui avec les villes de Barcelone et de Girone, dont il était le maître. Pour réunir sous sa domination tous les pays qui composaient le Languedoc, il ne restait à Pépin qu'à réduire le duc Waifre.

L'Aquitaine avait été longtemps comme un royaume particulier dans le royaume de France, séparé pendant près de cent trente ans, par la donation que Dagobert en avait faite à son frère Caribert. Ce royaume ayant été éteint par la mort de Caribert, Dagobert donna quelque temps

(1) Dom Vaissette, *H. L.*, l. VIII, p. 415.

après cette ville aux enfants de ce prince, avec le reste des États de leur père, pour le posséder héréditairement à titre de duché, à la charge de l'hommage et sous la dépendance de la couronne. Par là, Toulouse vint au pouvoir d'Eudes, duc d'Aquitaine, descendant de Caribert et passa à Waifre, son petit-fils, sur qui Pépin s'en rendit maître. Il commença par s'emparer de Bourges et de plusieurs places fortes. Waifre se voyant sans espérance de rentrer, par la voie des armes, en possession de ce qui venait de lui être enlevé et ne pouvant plus soutenir la guerre contre Pépin sans s'exposer à perdre tôt ou tard le reste de ses États, eut recours à la négociation, et par une ambassade qu'il envoya à ce prince, il lui fit demander pardon pour le passé, car jusque-là ce duc, à l'exemple d'Eudes son aïeul et d'Hunold son père, avait prétendu gouverner en souverain et avait toujours refusé de se soumettre à ce roi. Waifre promettait que, si Pépin voulait lui rendre Bourges et les autres villes de ses États dont ce roi s'était emparé, il payerait exactement le tribut et enverrait les présents que les rois de France, ses prédécesseurs, avaient coutume de recevoir tous les ans de l'Aquitaine. Pépin répondit aux ambassadeurs qu'il ne pouvait accepter les offres du duc leur maître sans la participation et l'avis des principaux de la nation, qu'il assembla. Les ambassadeurs furent renvoyés avec beaucoup de hauteur.

Waifre, voulant se procurer une diversion, fait engager secrètement Tassillon, duc de Bavière, à secouer le joug de Pépin. Le duc de Bavière se retira dans ses États, où il déclara publiquement la résolution qu'il avait prise de ne plus paraître à la cour de France.

Pépin, jugeant par cette déclaration que le dessein de ce duc était de se soustraire à son obéissance, et de violer le serment de fidélité qu'il lui avait prêté, délibéra sur cette demande et sur la guerre d'Aquitaine, dans l'assemblée qu'il tint à Worms, l'an 764.

L'Aquitaine comprenait la Saintonge, le Périgord, le Quercy, l'Agénois, tout ce qui est situé entre la Garonne et les Pyrénées.

Pépin passa les fêtes de la Noël à Samoucy, près de Laon, se rendit à Lyon, et rentra en Aquitaine en côtoyant le Rhône. Après avoir traversé le royaume de Bourgogne, il arriva à Narbonne, et bientôt après marcha sur Toulouse, qui se rendit sans coup férir, et se soumit volontairement à ce prince, de même que le reste du Toulousain qui s'étendait alors depuis les montagnes des Pyrénées et les confins du diocèse d'Urgel, en Espagne, jusqu'à l'embouchure du Tarn dans la Garonne.

L'Albigeois, le Rouergue, le Gévaudan se rendirent volontairement.

Tout le pays fut entièrement soumis. Les villes ouvrirent leurs portes à ce prince, qui réunit, pour la première fois, depuis l'empereur Honoré, sous une seule domination, ce qui avait été si longtemps divisé.

CHAPITRE IV

**Ambassade arabe.—Législation civile et religieuse
du Concile de Verneuil.**

Pépin laissa à ses troupes le soin de poursuivre
Waifre et partit pour aller célébrer la fête de
Pâques au palais de Sels, sur le bord de la Loire,
où l'attendait la reine.

Outre tous les motifs de religion qui portaient
Pépin à interrompre le cours de ses affaires pour
célébrer la solennité de Pâques, il avait encore une
raison particulière de se rendre immédiatement
à Sels où il avait donné rendez-vous aux ambas-

3.

sadeurs que le calife d'Orient lui envoyait chargés de riches présents.

Ces ambassadeurs étaient arrivés à Marseille pendant que ce prince se préparait pour sa dernière expédition d'Aquitaine. — Ils passèrent l'hiver à Metz, où Pépin, qui ne voulait pas interrompre ses exploits, les avait fait conduire avec de grandes marques d'honneur et de distinction. Les Arabes avaient éprouvé par eux-mêmes, dans les combats, la bravoure, puis la puissance de la nation française. En combattant les chrétiens d'Occident, les califes avaient pu s'écrier avec Haroun-al-Raschid, le plus éclairé d'entre eux :

« Je vois bien maintenant que les prodiges qu'on m'a racontés du roi des Francs sont véritables. — Lui et ses Francs sont faits pour vaincre tout ce qui existe sous le ciel. »

Les Arabes avaient trouvé un zèle aussi animé que le leur ; un courage aussi ardent, illustré par des succès dont la renommée s'étendait en des récits pleins de merveilles et dont les faits religieux et chevaleresques charmaient l'imagination poétique de ce peuple fier et conquérant. Aussi des relations s'établirent-elles entre ces deux puissances, alors les plus grandes du monde connu.

Le roi des Francs fut non moins magnifique que le calife.

Les émirs furent reconduits en grande pompe à Marseille, où ils s'embarquèrent pour retourner en Asie, comblés de présents pour leur maître et pour eux-mêmes[1] (768).

En rendant à la France ses bornes naturelles, en augmentant la gloire et le prestige de ses armes au-dehors, Pépin travaillait à la régler civilement et religieusement dans les Champs-de-Mars, devenus, en 756, les Champs-de-Mai, comme sous les

(1) Les repas étaient magnifiques chez le roi et chez les seigneurs.

Le pavé était alors couvert d'un tapis précieux : des coussins de plume recouvraient les siéges. Cuisiniers, pâtissiers, chefs d'office avaient ordre de se surpasser à l'envi pour l'apprêt des mets.

Tout fut servi dans une vaisselle d'or et d'argent et dans des vases garnis de pierreries; enfin la table fut égayée par des musiciens qui jouèrent de divers instruments et chantèrent.

Quelquefois aussi les murs, au lieu de montrer des pierres enduites de chaux ou couvertes de tentures, étaient tapissés de lierre. — Sur le sol on avait semé tant de fleurs qu'on croyait marcher dans une prairie| émaillée ; — les lis argentés y contrastaient avec le pavot de pourpre, et la salle était embaumée des odeurs les plus agréables. — Pour la table, elle offrait seule plus de roses qu'un champ entier. — Ce n'était point une nappe qui la couvrait; c'étaient des roses

descendants de Clovis, ils étaient redevenus à la fois des assemblées nationales et des conciles.

A son retour d'Italie, en 755, le 11 juillet, il assembla à Verneuil un concile de presque tous les évêques des Gaules pour tâcher de rétablir en partie la discipline, en attendant que des temps plus tranquilles permissent de le faire entièrement. On y dressa vingt canons, dont voici les dispositions principales :

« Chaque cité, c'est-à-dire chaque ville considérable, aura son évêque.

« Tous les prélats obéiront à ceux des évêques qui auront été établis en la place des métropolitains.

—————

— Les mets y reposaient sur des roses. — Au lieu d'un tissu de lis on avait préféré ce qui flatte l'odorat.

Les Francs recherchaient la vue et l'odeur de cette fleur qui leur rappelait cette coutume d'une origine plus ancienne dont celle-ci était tirée.

Les Gaulois, pour montrer l'assurance avec laquelle ils marchaient au combat et le mépris qu'ils avaient de la mort, ne portaient pour tout casque dans un jour de bataille qu'une couronne de fleurs.

Le costume du roi Pépin se compose d'un ample manteau aux larges bordures ramenées sur la poitrine par une boucle ronde et d'une tunique resserrée par une ceinture enrichie de broderies. Ce prince a des bottines pour chaussures et le siége où il est assis est terminé en haut par des têtes de lions. — Son sceptre est surmonté d'une fleur de lis. — V. l'abbé Lebœuf, le bibliophile Jacob, le Moine de Saint-Gall.

« En attendant qu'on remédie aux abus, chaque évêque aura pouvoir dans son diocèse, tant sur le clergé que sur les laïques, pour la correction des mœurs.

« On tiendra deux conciles chaque année : l'un en présence du roi, et dans le lieu qu'il choisira ; l'autre, le 1er octobre, à Soissons ou ailleurs, comme en seront convenus les évêques au mois de mars.

« Les évêques veilleront à ce que la règle soit observée dans les couvents d'hommes et de femmes.

« Les mariages des laïques nobles ou roturiers doivent se faire publiquement. Défense aux clercs d'être fermiers, d'avoir recours aux tribunaux laïques, si ce n'est par ordre de leur évêque ou de leur abbé.

« Les abbés et les abbesses des monastères royaux rendront compte au roi de l'administration des biens du monastère. — Si c'est un monastère épiscopal, on en rendra compte aux évêques.

« Les pèlerins qui voyagent par piété seront exempts de péages.

« Les causes des veuves, des orphelins et des églises seront expédiées les premières et aux frais du roi, par les comtes et par les autres juges.

« Défense aux évêques, aux abbés, aux laïques de recevoir des présents pour rendre la justice. »

L'an 757, au Champ-de-Mai que le roi Pépin tint à Compiègne, les évêques qui s'y trouvèrent firent encore dix-huit canons qui regardent le mariage, mais dont quelques-uns furent contraires à la doctrine de l'Église sur son indissolubilité. — Ainsi le septième canon porte :

« Un vassal à qui on fait épouser une femme appartenant à un fief où il demeurait, et qui, l'ayant quittée pour se retirer vers les parents de son propre seigneur, prend en ces lieux une autre femme. — Il peut garder cette femme. »

Le treizième canon porte :

« Si un mari a permis à sa femme d'entrer en religion, il peut en épouser une autre, et ainsi de la femme (1). »

Les papes, gardiens de la doctrine catholique, ont toujours élevé la voix lorsqu'elle a été compromise. Ils maintinrent constamment l'unité et l'indissolubilité du mariage quels qu'en aient été les périls ; l'Angleterre le sait. Conservateurs de la morale, de la société et de tout ce qui constitue la dignité et la liberté individuelle, que la pre-

____

(1) V. Rorhbacher, P. Sirmond, *Conc. gall.*

mière, et dès le commencement, l'Église a proclamés (1). — Les papes luttèrent dans tous les siècles contre tous les obstacles des passions humaines, contre la faiblesse, l'ambition, et aussi l'influence politique qu'ont subie souvent quelques évêques. « Raison de plus, dit à ce sujet Rorhbacher, de soumettre les conciles particuliers, qui, par eux-mêmes, ne sont pas infaillibles, à la révision de l'Église romaine, seule dépositaire et gardienne des promesses de Jésus-Christ. »

(1) On voit ainsi, dans le concile de Verberie, tenu en 752 (voyez Concile Verberie, tome I, *Conc. gall.*), dit l'abbé Velly, « des maximes et des décisions qui portent une mortelle atteinte à l'indissolubilité de l'union la plus sacrée dans les idées de la politique et de la religion. »

Le pape Étienne, s'adressant à Charles et à Carloman, s'exprime ainsi, en insistant fortement sur l'indissolubilité du mariage :

« Stephani III papæ epistolæ.
(Cod. Carol., XLV. — An 770.)

. . . .
. . . .

« Mementote hoc, præcellentissimi filii, quod sanctæ recordationis prædecessor noster dominus Stephanus papa excellentissimæ memoriæ genitorem vestrum obtestatus est ut nequaquam præsumeret dimittere dominam et genitricem vestram, et ipse, sicut revera christianissimus Rex, ejus salutiferis obtemperavit monitis. » (Souvenez-vous... que le pape Étienne, mon prédécesseur, empêcha Pépin de répudier votre mère..., et celui-ci... obéit.)

CHAPITRE V

La souveraineté est donnée aux Papes par les peuples de l'Italie.

Afin que l'esclavage antique fût remplacé par l'application de cette maxime du christianisme : « La nature humaine a fait libres tous les hommes ; la folie humaine seule a rendu inégaux ceux que Dieu avait fait égaux, » il fallait que les enseignements de l'Évangile pénétrassent dans le code civil des peuples.

L'Église a commencé par la croix et par les martyres ; mais au sixième siècle, pour toutes les nations occidentales, le pape, père commun des peuples et des rois, soutenant le faible contre l'oppresseur, était un médiateur universel consulté pour la paix et pour la guerre. « Les papes furent, dans le monde gothique, les défenseurs des franchises populaires. Ils représentaient, en Europe, la vérité politique détruite presque partout. Ils tenaient leur puissance de la liberté républicaine; l'esprit d'égalité et de liberté avait passé dans la monarchie de l'Eglise. » (Chateaubriand.)

Depuis que Constantin avait quitté Rome pour Constantinople, l'Occident pour l'Orient, la papauté, puissance reconnue par les empereurs eux-mêmes, avait acquis une prépondérance toujours croissante.

Tibère II, empereur d'Orient, conseille à saint Grégoire le Grand, père et sauveur de l'Italie (578-582), de faire alliance avec les Francs pour défendre les Romains contre les Lombards. L'empereur Maurice tient le même langage.

Au temps des invasions barbares, l'Italie circumpadane était devenue tour à tour la proie des Hérules (476), des Ostrogoths (489), des Grecs (554), des Lombards (568).

L'empereur Maurice, successeur de Tibère (582-602), tâchait, par tous les moyens possibles, que les Lombards et leur duc fussent chassés de l'Italie. Il envoya de grandes sommes à Childebert, fils de Brunehaut, avec promesse de plus grands présents, s'il pouvait au moins remettre le pays entre les Alpes et le Pô en la sujétion de l'empereur. Ce jeune roi accepta les propositions de la cour de Constantinople ; puis, ayant assemblé ses forces, il descendit en Italie, cherchant tous les moyens de combattre les Lombards, et pour mieux les attirer, il courut tout le pays en bataille rangée.

Leur duc Antharin, ne voulant que garder ses villes, envoya plusieurs ambassadeurs vers Childebert, le priant de n'estimer pas davantage l'alliance des Grecs que celle des Lombards, car il était prêt de faire la paix sous telle condition qu'il lui plairait. Après avoir vainement attendu les secours de l'empereur, Childebert retourna où l'intérêt de son propre royaume l'appelait.

En 751, les Lombards essayaient d'étendre, en Italie, le royaume qu'ils avaient fondé les armes à la main.

La France allait donner l'Exarchat à l'Église ; mais les papes étaient déjà souverains par le libre choix d'un peuple qui les avait suppliés de les gouverner et de les sauver.

Il y avait à peu près un siècle que les papes étaient *de fait* les souverains de Rome. Ils veillaient à la sûreté de la ville, en relevaient les fortifications, envoyaient et recevaient des ambassadeurs. Des apôtres partis de Rome pour la France, pour l'Angleterre, pour la Germanie, avec le christianisme, portaient aussi dans les pays évangélisés par eux le goût des lettres et des arts.

On ne peut, ce me semble, étudier attentivement les attaques dont la souveraineté temporelle est l'objet, sans se convaincre que ses adversaires ne sont pas essentiellement préoccupés de savoir si la volonté des Romains a été et est encore de vivre sous le gouvernement des pontifes. Là serait pourtant le vif de la question.

Où trouver une puissance plus légitime que celle qui n'est attaquée que par l'étranger et qu'acclament ses sujets même dans le malheur et pendant la captivité du souverain?

Déjà, par la volonté du peuple romain, les impôts cessèrent d'être portés en Grèce, en 730, sous le pontificat de Grégoire II.

Cette attitude du peuple romain, vis-à-vis de l'empereur de Constantinople, est légitimée, ce nous semble, par ce passage de saint Thomas:

« Si une multitude a le droit de créer une monarchie, elle peut, sans injustice, la détruire ou restreindre son autorité dans le cas où le souverain abuse de son pouvoir royal. Et c'est à tort qu'on appellerait *rebelle* et qu'on accuserait de violer le serment de fidélité perpétuelle qu'elle avait prêté à son prince, une communauté destituant un prince tyran, parce que tout prince qui oublie la fidélité avec laquelle il a promis de gouverner son peuple mérite bien la punition que le peuple ne lui maintienne pas la foi qu'il lui a jurée. »

Les Italiens s'étaient mis en révolte contre l'autorité de l'empereur de Constantinople. L'académicien M. Gaillard, peu suspect d'être favorable au pouvoir temporel des papes, va nous dire à quelle occasion :

« Les empereurs étaient encore alors réputés maîtres de Rome et d'une partie de l'Italie, mais ils négligeaient fort le gouvernement de cette contrée, qui, de sa part, chancelait dans son obéissance. L'imprudente innovation de Léon excita un grand soulèvement parmi les Italiens. (M. Gaillard parle ici du décret du 7 janvier 730, par lequel l'empereur proscrit toutes les images et représentations de Dieu et des saints, et ordonna de renverser dans tout l'empire ce qu'il appelait des monuments d'idolâtrie.) Les Italiens conservèrent les images des saints et renversèrent celles de l'empereur, et l'empereur, qui renversait celles de Dieu et des saints, trouva mauvais qu'on ne respectât pas les siennes ; il voulut châtier l'Italie. Il envoya contre elle une flotte, lui qui n'en avait jamais envoyé pour la défendre des excursions des Sarrasins ; elle fit naufrage dans la mer Adriatique et Léon fut obligé de borner ses persécutions à l'Orient. Il avait tenté inutilement de faire assassiner le pape Grégoire II, *à qui les Romains donnèrent à cette occasion sur la ville et le duché de Rome une sorte de surintendance et d'inspection générale qu'on a regardée comme le principe de la souveraineté acquise peu après par les papes.* »

Grégoire II eut à défendre son autorité contre les Lombards.

CHAPITRE VI

Première intervention française en Italie.

Cette longue suite de guerres, que les attaques des Lombards contre Rome allaient entraîner, est un grand événement, soit pour la politique, soit pour l'Église.

C'est de cette première intervention française, demandée par le pape et par les *Romains*, qu'Hincmar a dit : « En donnant l'Exarchat à l'Église, la France ne donnait que ce qu'elle pouvait livrer et maintenir, et son roi ne se vantait que de ce qu'il pouvait faire. »

Anastase le Bibliothécaire, qui a écrit dans le neuvième siècle, parle ainsi de ces événements : « Astolphe, roi des Lombards, ayant succédé à son frère Rachis, rompit la paix que le pape Zacharie avait négociée pour vingt ans, s'empara de l'Istrie, de Ravenne et de la Pentapole.

On voit par un de ses diplômes qu'il état maître de cette ville en 751.

L'éxarque Entychius s'enfuit à Naples, et ensuite en Grèce, et ce fut la fin de l'Exarchat qui existait depuis environ cent quatre-vingts ans.

L'année suivante (752) à la mort du pape Zacharie, Astolphe se préparait à envahir le duché même de Rome.

Le pape, qui n'attendait ni accommodement, ni secours de la cour de Constantinople, se détermina à demander la protection de la France, à l'exemple de ses prédécesseurs et selon le conseil de l'empereur lui-même, qui l'avait supplié de prendre en mains les intérêts de l'Italie et des peuples réduits au désespoir. Étienne II se décida à faire le voyage de France.

Le prince Charles, puis le roi vinrent au-devant du pontife. Charles avait alors douze ans, Pépin trente-huit.

La plupart des habitants de la France et des

pays circonvoisins accouraient dans les lieux où était le pape pour honorer le Saint-Père.

Du palais de Ponthyon, le pape, le roi et sa cour se rendirent à Saint-Denis.

Le 28 juillet 754 eut lieu la cérémonie du sacre.

Le pape couronna Pépin roi, dans l'abbaye de Saint-Denis, ainsi que ses fils Charles et Carloman et la reine Berthe sa femme.

Peu de temps après, le roi Pépin envoya des ambassadeurs au roi Lombard, lui demandant de ne point exercer d'hostilités contre Rome et les villes qui en dépendaient.

Avant d'en venir aux armes, le roi des Francs crut devoir employer la voie des négociations, et ce n'est qu'après avoir envoyé des ambassadeurs jusqu'à trois fois différentes, au roi Astolphe, que la guerre fût résolue.

Le roi assembla les États à Crécy-sur-Oise, *ce qui se faisait toujours lorsque les Français devaient entreprendre une guerre.*

« Il faut observer que, quelles que pussent être alors l'autorité des rois sur les peuples, et l'inclination des peuples pour les combats, *la guerre ne pouvait être résolue que dans une assemblée nationale. C'était du moins un usage qui tenait lieu de loi, quoique Charles-Martel s'en fût souvent écarté*

AU GRAND MÉCONTENTEMENT DE LA NATION. En effet, une résolution si importante et d'un si grand intérêt, soit pour l'État, soit pour chaque particulier dont elle compromet la fortune et la vie, est sans doute celle qui exige le plus de conseils et qui doit être le moins abandonnée aux caprices particuliers (1). »

Pépin était sûr d'être d'autant plus le maître qu'il témoignerait plus d'égards aux désirs de la nation et aux volontés publiques.

Après la délibération et le vote de l'assemblée, la composition de l'armée fut dressée, et Pépin lui fit passer les monts.

Aucun Français ne fut de contraire opinion qu'on ne fît promptement cette sainte guerre.

Tous les Français couraient aux armes pour secourir le Saint-Père, et priaient le roi de ne douter nullement de leur vaillance ni du zèle qu'ils portaient à la religion.

Astolphe, assiégé et pressé dans sa capitale, s'engagea par serment à rendre à l'Église, à la république romaine, Ravenne et les autres villes.

« Pépin remporta en France une gloire bien grande pour avoir entrepris la défense de l'Église

(1) Gaillard.

contre une nation si belliqueuse, et pour avoir achevé cette guerre si heureusement, sans autre récompense que l'honneur. »

Tout le monde s'était réjoui en croyant que les Lombards se désisteraient dorénavant de tourmenter le Saint-Père. On disait : « que le pape Étienne pouvait se vanter d'avoir remis les Romains en liberté et l'Église en sa première grandeur par le moyen des Français.

« *Les Romains firent éclater leur joie et reçurent le pape magnifiquement à son retour dans leur ville.* »

Astolphe voyant que les Français avaient quitté l'Italie, se crut hors de toute crainte et, ne faisant cas ni des promesses qu'il avait faites, ni de ses serments, il assembla une armée et la mena devant Rome, dévastant tout le pays, rasant les bourgs, les châteaux, les palais de fond en comble.

Les Lombards pensaient que les Français, assez acquittés envers le pape, n'entreprendraient pas pour lui une guerre dont ils n'avaient à retirer aucun profit.

Le roi français jugea que les Lombards faisant de nouveau la guerre au pape, la faisaient non-seulement à lui, mais aux Français qui leur avaient accordé la paix. Il réunit son camp et apprit à ses soldats le peu de foi d'Astolphe. Les soldats francs s'en irritèrent, estimant que c'était une insulte que d'agir ainsi en dépit d'un traité juré aux Français et au mépris de leur vaillance.

L'évêque Georges et le comte Thomaric, envoyés du pape et accompagnés par l'ambassadeur français à Rome, l'abbé Warnehaire, s'embarquèrent et arrivèrent en France. Cet abbé est celui qui, pour l'amour de saint Pierre, avait endossé la cuirasse et monté la garde nuit et jour sur la muraille de Rome. Ils remirent la lettre suivante à Pépin et à ses fils :

« Lettre du pape Etienne
aux Excellentissimes seigneurs Pépin,
Charles et Carloman , tous trois rois,
et nos patrices des Romains (1) ;
A tous les illustres ducs, comtes, et à toute l'armée du royaume et de la province des Francs;
Étienne pape et tous les évêques, prêtres, diacres, ducs, cartulaires, comtes, tribuns, le peuple et l'armée tout entière des Romains, tous
plongés dans l'affliction,
le 20 février 775 :

« Nous sommes environnés d'une tristesse si

(1) Le pape Etienne II avait conféré à Pépin et à ses enfants le titre de Patrice des Romains pendant son voyage en France. V. Anastase, *in Stephen.*, dom Bouquet, t. V, Paulus Æmilius.

amère et pressés d'une angoisse si extrême, la continuité de nos maux nous fait verser tant de larmes, qu'il nous semble même que les éléments doivent les raconter.

« Vous savez comment l'impie roi Astolphe a violé les conditions de la paix qu'il avait jurée.

« Qui pourrait contempler de si grands malheurs et n'avoir pas pleuré ?

« Qui pourrait entendre le récit de nos calamités, sans mêler des gémissements aux nôtres ?

« Aux Calendes de janvier, toute l'armée des Lombards est venue de la Toscane assiéger Rome et camper devant trois portes, pendant qu'Astolphe est venu l'attaquer d'un autre côté et camper devant les autres portes de Rome nous envoyant dire fréquemment :

« Ouvrez-moi la porte Salaria, et livrez-moi « votre pape, sinon je renverserai vos murailles « et vous passerai tous au fil de l'épée. Qui pourra « vous tirer de mes mains? »

« Tous ceux de Bénévent sont encore venus, et campent devant les portes qui restaient encore libres, celle du B. Jean-Baptiste jusqu'à celle du B. Paul. Tout ce qui était hors la ville a été mis à feu et à sang. Ils ont incendié les maisons et les églises, brisé et brûlé les images des saints.

4.

« Ils ont emporté les voiles, les ornements, les vases sacrés des autels pour leur propre usage.

« Ils ont déchiré de coups les moïnes, arraché de leurs retraites les saintes femmes qui, dès leur jeune âge et pour l'amour de leur Dieù, avaient choisi ces asiles sacrés pour s'y livrer aux œuvres de la charité pour le prochain et à la prière.

« Ils les ont chassées de la clôture qu'elles avaient choisie, les ont violées, et plusieurs ont péri au milieu des derniers outrages.

« Ils ont brûlé les fermes de saint Pierre et celles de tous les Romains, emmené les bestiaux, coupé les vignes jusqu'à la racine, foulé aux pieds les moissons, de sorte qu'il ne nous reste plus de quoi vivre.

« Ils ont égorgé un grand nombre de serfs de saint Pierre et un grand nombre de Romains; emmené les autres en captivité. Ils sont allés jusqu'à arracher les enfants à la mamelle des bras de leur mère, pour les égorger à leurs yeux.

« Les païens mêmes n'ont jamais fait tant de maux.

« Voilà cinquante-cinq jours qu'ils assiégent la ville affligée de Rome et qu'ils la pressent de toute part. Nuit et jour ils battent ses murailles en brèche.

« Voici, nous disent-ils d'une manière insul-
« tante ; voici que nous vous serrons de tout côté,
« que les Francs viennent maintenant et qu'ils
« vous arrachent de nos mains ! »

« La ville de Narni que vous avez donnée à
saint Pierre, ils l'ont prise ainsi que quelques
villes qui vous appartiennent.

« Aussi avons-nous eu de la peine à vous envoyer ces lettres, et n'avons-nous pu les envoyer
que par mer.

« Hâtez-vous donc, bien-aimés, je vous en conjure, par le Dieu vivant et véritable, et par le
bienheureux Pierre ; hâtez-vous de venir à notre
secours de peur que nous ne périssions, et que les
autres nations ne disent : « Où est la confiance
« que les Romains mettaient, après Dieu, dans les
« rois et dans la nation des Francs ? » Écoutez-
nous et venez à notre aide.

« Toutes les nations qui ont eu recours à la
vaillante nation des Francs, ont été sauvées.

« Combien ne devez-vous point avoir à cœur
de délivrer la sainte Église, Dieu et son peuple...»

Le roi des Francs marcha de nouveau sur la
Lombardie avec toutes ses troupes. Il avait déjà
emporté sur les Lombards le passage des Alpes,

lorsqu'arrivèrent à Rome les ambassadeurs de l'empereur Copronyme, Grégoire, premier secrétaire, et Jean Silentiaire (secrétaire du cabinet), envoyés vers le roi Pépin.

Le pape les avertit du secours que venait lui apporter le roi des Francs contre les Lombards, ce dont les ambassadeurs grecs doutèrent.

Accompagnés par un légat du pape, ils se rendirent à Marseille, où ils apprirent avec certitude que Pépin était déjà sur les terres des Lombards.

Ils en furent affligés et sous divers prétextes s'efforcèrent de retenir le légat à Marseille, afin de l'empêcher de rejoindre Pépin. Voyant qu'ils ne pouvaient y réussir, sans en prévenir le légat, Grégoire, l'un des ambassadeurs, partit de manière à le précéder et à arriver le premier auprès de Pépin.

Grégoire ayant joint le roi près de Pavie, le pria instamment, et avec de grandes promesses de céder au domaine impérial la ville de Ravenne et les autres villes de l'Exarchat.

Pépin répondit :

« Qu'il ne souffrirait jamais que ces places fussent aliénées de la puissance de saint Pierre et du droit de l'Eglise romaine; que, quelque trésor qu'on pût lui offrir, on ne lui persuaderait jamais d'ôter à saint Pierre ce qu'il lui avait une fois offert. »

Après cette réponse, il renvoya l'ambassadeur impérial à Rome, et pressa tellement le siége de Pavie que le roi Lombard lui demanda quartier et lui promit d'exécuter le traité de l'année précédente et de rendre toutes les places en y ajoutant Comacchio.

Le roi de France en fit une donation à saint Pierre et à l'Église romaine et à tous les papes à perpétuité.

Cette donation fut gardée dans les archives de cette Église.

Pépin retourna en France, laissant la commission de retirer les places à l'abbé Fulrad, son conseiller et archi-chapelain (grand aumônier). Fulrad se rendit à Ravenne avec les députés du roi Astolphe et ensuite dans toutes les villes de la Pentapole et de l'Émilie ; il en emporta les clefs, emmena avec lui les otages du roi Lombard ; puis, accompagné des notables de chaque ville, il se rendit à Rome.

Fulrad déposa les clefs avec la donation du roi Pépin, au nom de la France, sur la confession de saint Pierre et mit le pape en possession de ces villes au nombre de vingt-deux : — Ravenne, Rimini, Pesaro, Fano, Césène, Sinigaglia, Jesi,

Forlimpopoli, Forli, Castrocaro, Montefeltro, Aceraggio, qu'on ne connaît plus, Montlucari que l'on croit être Nocera, Serravalle, Saint-Marigny, Bobbio, Urbin, Caglio, Luccoli, Eugubio, Comacchio et Narni. — C'est le dénombrement qu'en fait Anastase.

Le tiers des trésors qui étaient à Pavie, fut remis à Pépin avec de riches présents pour les barons et l'armée. Astolphe reconnut l'ancien tribut annuel des douze mille sous d'or (*solidi*) (1) que les Lombards avaient payés autrefois au roi franc, jura de nouveau avec serment que jamais, à l'avenir, il ne se révolterait contre le roi Pépin et les seigneurs francs.

(1) Lorsqu'il est fait mention d'une livre d'or et d'argent dans les actes de ce temps, il faut entendre une livre réelle d'or ou d'argent de douze onces.

On taillait 72 sous d'or dans une livre d'or, et 20 sous d'argent dans une livre d'argent.

Voir Bonnamy, *Dissertation*. Coll. Leber. La plus ancienne ordonnance qui nous reste sur les monnaies est celle qui fut faite en 755.

Pépin ordonna que les sous d'argent ne seraient plus taillés que de 22 à la livre de poids, et que de ces 22 pièces le maître de la monnaie en retiendrait une et rendrait les autres à celui qui aurait fourni l'argent. (Voir Gaillard, H. Ch. Bonnamy : *Mém. acad. inscript.*, et Leblanc : *Traité historique des monnaies de France.*)

CHAPITRE VII

Mort de Waifre et de Pépin.

Dès son retour d'Italie, Pépin eut à combattre les Saxons.

Ce qui distinguait surtout les guerriers français, disent tous les auteurs, et ces guerres si rapprochées sont la preuve de cette assertion, c'était : la célérité, l'art avec lequel ils franchissaient des distances immenses ; en un instant, ils arrivaient où on ne les attendait pas.

Depuis la conquête de Narbonne sur les Sarrasins, Pépin avait été obligé d'entretenir une forte garnison dans cette ville pour la préserver contre de nouvelles attaques.

Le duc d'Aquitaine, instruit que ce roi avait fait partir de nouvelles troupes pour renforcer celles qui se trouvaient dans la ville de Narbonne et sur les frontières d'Espagne, résolut de leur couper chemin et de les surprendre dans des embuscades.

Cette entreprise lui était d'autant plus facile que le Toulousain et l'Albigeois qui faisaient partie de ses États, s'étendaient jusqu'au diocèse de Narbonne et même jusqu'à la frontière d'Espagne.

Les troupes du duc d'Aquitaine s'avancèrent vers Narbonne et, ayant rencontré les comtes Australd et Galeman qui, *avec leurs pairs,* s'étaient mis en marche pour retourner dans leurs quartiers à la tête des troupes françaises, les Aquitains fondirent brusquement sur eux.

Le combat fut long et opiniâtre, mais les Français, redoublant leurs efforts, firent plier le comte Mancion, chargé par Waifre de cette expédition; il fut tué dans l'action avec tous ses pairs (*universos pares suos*).

Les Gascons prirent alors la fuite, abandonnèrent leurs chevaux et leurs équipages, et tâchèrent de gagner les campagnes voisines; mais très-peu échappèrent à la poursuite des vainqueurs.

Waifre ne fut pas plus heureux dans une autre expédition qu'il tenta la même année (765), du côté de la Bourgogne et du Lyonnais.

Il eut la douleur de voir son oncle paternel Remistan abandonner son parti et se jeter dans celui de Pépin. Voyant que les villes de Bourges, Thouars et Clermont, places les mieux fortifiées de ses États, n'avaient pu tenir contre les troupes de Pépin, il se persuada que, en faisant détruire toutes les fortifications, il empêcherait par là les Français de s'établir en Aquitaine; il prit le parti de faire abattre les murs et les tours de presque toutes ses villes, en particulier de Poitiers, de Limoges, de Saintes, de Périgueux, d'Angoulême. Il ne voyait pas qu'en agissant ainsi, il abandonnait lui-même ce qui pouvait être sa force et sa ressource.

Le résultat des décisions paraît d'abord soumis aux causes et aux effets naturels qu'elles devaient produire, mais le temps démontre la tendance mystérieuse par laquelle les événements étaient conduits, Waifre ne voyait pas, disent les anciens historiens, qu'il se livrait à Pépin. Ce roi ordonna à ses troupes de se rendre à Orléans où il alla aussitôt tenir l'assemblée du Champ-de-Mai (766).

Après avoir reçu dans cette diète, selon la coutume, les présents des grands et des peuples, il passa la Loire avec une armée formidable.

Limoges fit sa soumission et Pépin arriva à Agen. Il reçut les députés des divers peuples de l'Aquitaine et fit reconstruire toutes les fortifications que Waifre avait fait détruire.

Suivant une ancienne chronique, le duc d'Aquitaine périt par la trahison d'un nommé Waraton qui fut sans doute son principal meurtrier.

C'est ainsi que Waifre tomba dans les piéges de Pépin, au rapport d'un auteur contemporain, partisan de ce roi, qui avoue que, de son temps, il était publiquement accusé de l'avoir fait assassiner.

Pépin survécut peu à la mort de Waifre. Dès qu'on lui en eut annonce la nouvelle, il alla joindre la reine à Saintes où il fut aussitôt attaqué d'une maladie, dont il ne put obtenir la guérison, disent les auteurs du temps, ni au tombeau de saint Martin de Tours, où il se fit transporter, ni dans l'église de Saint-Denis qu'il alla visiter. Il mourut dans cette dernière abbaye le 27 septembre 768, cent jours après la mort du duc d'Aquitaine.

Pépin partagea ses États, avant sa mort, entre ses deux fils, de l'avis des principaux seigneurs du royaume. Il avait préparé merveilleusement l'élévation de son fils Charlemagne.

Un auteur contemporain fait ainsi le portrait de Charles en 758 :

« Charles était un jeune prince aimable par les grâces naturelles de sa personne, doux, prévenant, affable à tout le monde, d'un esprit vif, pénétrant et hardi. Il touchait à peine à sa seizième année ; mais, dans un âge si tendre, il n'avait du goût que pour les exercices nobles et sérieux. Il passait des journées entières à se faire instruire des moyens de garantir un royaume de l'usurpation de ses voisins, de contenir ses sujets dans l'obéissance et de les rendre heureux. »

« Les bénédictions de saint Remi passèrent au roi Pépin, » dit Bossuet. (De lui sortit cet empereur, père d'empereur, que ce saint évêque semble avoir vu.)

Citons encore M. Guizot appréciant le règne de Pépin :

« Les assemblées de la nation, tombées en désuétude sous les Mérovingiens, redeviennent fréquentes et prennent part au gouvernement de l'Etat. Pépin a été porté au trône par ses compagnons, par les grands propriétaires et le clergé ; il faut qu'il les consulte, les ménage et les associe à son pouvoir. Il n'est point un usurpateur ordinaire, héritier par la force de la royauté mérovingienne ; il est le chef d'un peuple nouveau, qui n'a pas renoncé à ses anciennes mœurs, qui tient à la Germanie plus étroitement encore qu'à la Gaule, et se groupe autour du guerrier puissant qui s'est fait roi (1). »

Nous ajouterons avec un auteur déjà cité (2) : « Pépin sut éviter les fautes reprochées à son père, il daigna être plus habile, il ménagea plus les grands et surtout le clergé, il n'entreprenait rien sans assembler des parlements, mais il fit périr Theudoalde, son cousin germain, pour se dispenser de lui donner un partage, mais il est soupçonné d'avoir fait périr Carloman, son frère, et il est convaincu d'avoir fait raser et disparaître les enfants de Carloman pour envahir leur héritage. Il est convaincu d'avoir, par une violence odieuse, fait pendre l'oncle du malheureux Waifre pour son attachement à son neveu. On ne trouvera rien de semblable dans la vie de Charles-Martel.

(1) *Essais sur l'Histoire de France*. M. Guizot, p. 67.
(2) Gaillard.

Il fit des fautes contre la politique, Pépin commit des crimes politiques. »

On reconnaît pourtant à Pépin une certaine grandeur. Il pardonna bien des fois à son frère ; bien des fois il lui rendit ses nombreux apanages, même après qu'il se fut mis à la tête des Saxons dans la guerre qu'il souleva en 749.

Les crimes de pure férocité devenaient plus rares.

L'Église allait aider au progrès qui semblait jaillir tout à coup de la barbarie. Le clergé avait besoin de réforme. Elle allait s'opérer avec la renaissance des lettres par les fortes légions des ordres monastiques.

CHAPITRE VIII

Charlemagne voulait que la loi ne fût autre chose que la volonté de la nation, publiée sous le nom du Prince. — Ce qu'était alors le suffrage universel.

« Carloman mourut le 4 décembre 771.

« La plupart des évêques et des seigneurs reconnurent pour seul souverain Charlemagne.

« Pépin était devenu roi par l'élection des Français.

« Il avait partagé le royaume entre ses deux fils, du consentement des seigneurs et des évêques.

« Les évêques et les seigneurs réunirent de nouveau en un seul le royaume divisé. — Ils pla-

cèrent la couronne sur la tête de Charlemagne. »
(Dom Bouquet.)

Les envoyés du royaume de Carloman arrivèrent à Carbonnac, près de Laon, où Charlemagne
tenait un parlement. Ils le reconnurent solennellement pour leur roi. — Charles obéit au vœu
national.

La reine Gerberge, veuve de Carloman, s'enfuit
avec ses deux jeunes fils, et vint se réfugier auprès de Didier, roi des Lombards.

Charlemagne se montra blessé de ce départ et
de cette défiance qu'il déclare injuste et inutile (1).
Le roi des Francs décida que l'autorité du chef de
l'État devait être partagée ; il associa tous les citoyens au gouvernement.

Il est vrai que M. Guizot affirme que l'on ne
peut prendre dans leur signification naturelle les
expressions de Frédégaire, de Grégoire de Tours,
d'Aimoin et de tant d'autres, lorsqu'ils parlent
de la présence du peuple dans les assemblées nationales.

« Rien n'est plus commun en effet que de rencontrer dans Grégoire de Tours, Frédégaire, Aimoin et tant d'autres, ou même dans les lois à

(1) Dom Bouquet.

l'occasion de certaines assemblées, ces expressions générales: « Les Francs, tous les Francs, le peuple, « tout le peuple, tous les hommes libres, » comme s'ils étaient tous réunis pour débattre et régler de concert les affaires de l'État. Ce n'est là qu'une tradition, un souvenir des anciennes coutumes germaniques, un hommage rendu, à dessein ou par habitude, aux droits d'une nation qui, en changeant d'état, avait cessé de les exercer.

« Ce n'est pas que ces droits aient complétement péri, ni que ce nouvel état ait entraîné la suppression immédiate et absolue des assemblées nationales. Sous les noms de Champ-de-Mars ou de Mai, de *conventus generalis*, de *placitum generale*, de *synodus*, on en retrouve partout la trace, et le langage des chroniqueurs prouve même qu'une certaine idée de généralité s'y attachait encore. Mais la composition et le pouvoir réel de ces assemblées cessèrent bientôt de correspondre à ce qu'elles avaient été jadis; et, au moment de leur plus grande régularité, c'est-à-dire sous Charlemagne, la nation n'y siégeait pas plus que le gouvernement ne leur appartenait. » — Voilà comment s'exprime M. Guizot.

L'abbé de Mably, Rorhbacher et les savants dont les dissertations se trouvent renfermées dans la *Collection des pièces relatives à l'histoire de France*, de Leber (1), sont d'une autre opinion.

L'an 803, Charlemagne fit proposer par le comte Étienne, à l'assemblée nationale de Paris, plusieurs articles additionnels à la loi salique.

Ces articles ayant été lus, *tous* y consentirent et promirent de les observer à perpétuité : et *tous les échevins, évêques, abbés et comtes les souscrivirent* et les confirmèrent de leurs propres mains.

On interrogera le peuple touchant les chapitres ajoutés nouvellement à la loi ; et, lorsque tous y auront consenti, ils feront leurs souscriptions et leurs confirmations manuelles au bas du chapitre même.

« *Ut populus interrogetur de Capitulis quæ in lege noviter addita sunt, et postquam omnes consenserint subscriptiones vel manufirmationes suas, in ipsis Capitulis faciant.*

Hincmar, archevêque de Reims, faisant l'énumération de ceux qui composaient les assemblées des États généraux, nomme les évêques, les comtes, les seigneurs et termine en parlant de la multitude par : « *Cætera multitudo.* »

Et par ces mots : « *Cætera multitudo*, dit l'abbé

(1) V. Collection Leber, Salgues et Cohen.

de Mably, on ne peut entendre que le peuple, ou, ajoute-t-il, ce que nous avons appelé depuis le tiers-État. »

Des hommes de ce tiers-État avaient part à l'administration publique, les centeniers et les scabins étant tirés d'entre eux.

Plusieurs capitulaires disent, il est vrai, que ces juges subalternes devaient être nobles, mais, le plus souvent alors, il leur était associé des notables qui se rendaient avec eux aux plaids du roi, et il n'est dit nulle part que ces notables dussent être *nobles*, on devait les choisir seulement parmi les plus gens de bien du comté.

Les *Annales* de saint Bertin rapportent que le peuple assista, en 831, au traité de Nimègue, et qu'il porta son jugement sur les matières qu'on y agitait.

Après l'énumération faite par Hincmar de ceux qui composaient les assemblées de la nation, des évêques, des comtes, etc., et qu'il parle enfin du reste de la multitude, *cætera multitudo* (1), il comprend sans doute sous ces termes les députés de chaque comté avec les avoués des églises, lesquels devaient

---

(1) Voyez *De l'état des personnes en France*, par l'abbé de Courcy. (Ouvrage couronné par l'Académie royale des inscriptions et belles-lettres, 1768.

se rendre aux plaids indiqués par le roi, selon le second capitulaire de 819. Par l'expression *cœtera multitudo*, dit l'abbé de Mably, on ne peut entendre que le peuple, ou ce que nous avons appelé depuis le tiers-État, répète encore l'académicien de Courcy.

Les grands, tant ecclésiastiques que laïques, étaient, il est vrai, fort distingués du peuple, non-seulement par les honneurs qu'on leur rendait, mais aussi par l'autorité qu'ils avaient dans ces assemblées, mais il était ordonné de demander le consentement et la signature de tout le peuple, pour les nouveaux articles ajoutés à la loi. Agobard, évêque de Lyon, dit qu'il se trouva, en 833, à une assemblée respectable, qui était composée des évêques, des abbés, des comtes et du peuple, de tout âge et tout rang.

Il fut ordonné à tout homme libre (1), français et de quelque nation qu'il fût, de prêter serment de fidélité au roi, d'aller à l'armée sous la conduite des comtes, d'avoir à défrayer les envoyés

______

(1) « Tous les libres étaient obligés d'aller à la guerre, à moins qu'ils ne fussent employés à la garde du pays, aux fortifications des places, ou bien aux réparations des chemins, ports et chaussées. »

Concil. Gall., tome II, p. 264, et *Cap. Carol. Calv.*, tit. 36, c. 27. Fréd., c. 73. Abbé de Camps.

royaux, de se présenter trois fois aux plaids généraux.

Dom Vaissette apporte encore un document sur cette question. — On y trouve que le peuple intervient dans les assemblées générales. Il n'est pas inutile, comme preuve, d'entrer à ce sujet dans quelques détails.

Sous le règne de Charlemagne, un même seigneur ne gouvernait qu'un seul comté ou diocèse.

Chaque comte ou gouverneur particulier avait dans toute l'étendue de son comté le commandement des troupes, l'intendance des finances du prince et l'administration de la justice, qu'il rendait par lui-même, ou par des officiers qui lui étaient subordonnés, ce qui demandait de lui l'intelligence et l'étude des lois (1).

Les comtes étaient obligés de tenir leurs plaids, —*placitum*,— ou audiences publiques dans le lieu destiné pour cela. Ils devaient être à jeun durant cette fonction. Ils connaissaient également des affaires civiles et criminelles dans toute l'étendue de leur comté, et étaient chargés de veiller en particulier sur les causes des veuves, des orphelins et des pauvres, et sur celles qui intéressaient l'Église.

(1) Voir *Capit.*, Mab. Diplom.

Ils avaient pour assesseurs dans les audiences des ministres ou juges inférieurs, qu'on appelait *juniores*, pour les distinguer de ceux qui étaient revêtus des principales dignités, qu'on appelait *seniores*. Ces ministres subalternes des comtes étaient les vicaires, les centeniers, les échevins. (Les vicaires, en latin *vicarii*, dont on a formé dans la suite le nom de viguier.) Les viguiers et les centeniers tenaient leurs plaids et décidaient chacun dans son ressort les affaires de moindre conséquence. Ils devaient être instruits des lois des pays où ils rendaient la justice. Ils jugeaient sans assesseurs. Les affaires les plus considérables, telles que les causes criminelles ou qui regardaient l'état des personnes, étaient portées immédiatement à la cour ou tribunal du comte, où les viguiers et les centeniers lui servaient d'assesseurs. Ces derniers, à qui on donnait le titre de *nobiles viri*, avaient la préséance sur les autres juges dont nous allons parler.

On nommait ceux-ci échevins *scabini*, *scabinei*, dans les pays situés à la droite de la Loire, et simplement juges dans les provinces situées dans le midi du royaume (1). Ces juges ou échevins

____

(1) Mab. Diplom., 396, 501, etc.

étaient une espèce de magistrats municipaux dont il devait y avoir un certain nombre dans chaque comté. Il paraît même qu'il y en avait dans chaque ville considérable. Ils étaient comme les conseillers du comte et devaient se trouver avec lui au nombre de sept dans tous les plaids ou audiences ; ce qui leur faisait donner le nom d'aides des comtes, *adjutores comitum* (1).

Ces derniers ne pouvaient prononcer aucun jugement que conjointement avec eux, ce qui mettait ces officiers dans l'obligation d'être instruits des lois. Ils étaient amovibles ou destituables, de même que les vicaires et les centeniers, quand ils étaient convaincus d'avoir prévariqué et de n'avoir pas bien rempli leurs devoirs. Alors on en choisissait d'autres dans *une assemblée publique* où le *peuple* donnait son suffrage (1).

Les hommes libres qui allaient à l'armée sous la conduite du comte, étaient les justiciables de ce même officier, élu quelquefois par la cité. Les comtes devaient, chacun dans son comté, tenir une assise par mois ; les ordonnances voulaient qu'ils la tinssent à jeun. Ces assises étaient appelées *placites*, du mot *placitum*, ou *mallus*, ex-

(1) *Chron.* Bez, tom I.
(1) Voir dom Vaissette, tome I, p. 438.

pression qui, selon l'opinion commune, vient d'un mot tudesque qui signifie : *parole.* Ce placite était le placite des hommes libres. Le placite des vassaux, leudes ou bénéficiaires, était le placite du roi. Tous les hommes du territoire devaient se trouver trois fois l'année au *mallus* : « *Ut nullus de liberis hominibus ad mallum venire cogatur, præter ter in anno, exceptis scabineis, causatoribus et testibus necessariis.* » C'est dans ce placite que le comte et les membres de l'assemblée faisaient l'élection des centeniers et des scabins. Les premiers étaient des juges inférieurs chargés de terminer dans leur district les causes de peu d'importance. Les scabins, que Grotius dérive du mot allemand, *escheper, electus,* mais que la plupart des étymologistes prétendent venir de l'ancien mot tudesque *scepen,* juge, étaient les assesseurs du comte.

Ils jugeaient conjointement avec lui : « *Ut judices centenarii, scabini, boni, veraces, mansueti, cum comite et populo eligantur et constituantur ad sua ministeria exercenda.* Le mot *populo* ne peut être relatif qu'aux hommes libres, puisqu'ils composaient l'assemblée. Les scabins étaient toujours choisis par les citoyens et habitants de la même cité ou de même territoire ; c'est l'observation que fait du Cange : « Grégoire de Tours appelle le

jugement des scabins : *judicium civium.* » C'est
dans la même assemblée ou placite, qui jouis-
sait du droit d'élire les centeniers et les scabins, que se faisait la destitution de ces officiers,
lorsqu'ils étaient prévaricateurs : « *Malos scabinos
ejiciant et consensu populi in locum eorum, bonos
eligant, et cum electi fuerint, jurare faciant* (1). »

« Or, l'exercice de la justice et de la police,
ajoute M. Gautier de Sibert, fait une partie importante de l'administration publique. Les comtes,
les scabins, les centeniers étaient les magistrats
qui exerçaient ces nobles fonctions dans l'étendue
du comté. Je viens de prouver, *par les lois,* que
c'était à l assemblée des hommes libres, présidée
par le comte, où se faisaient, à la pluralité des
voix, l'élection et l'institution des scabins et des
centeniers. Les hommes libres de cette assemblée
avaient voix active et passive, c'est-à-dire le droit
d'élire et d'être élus ; par conséquent, ils étaient
participants de l'administration publique. On peut
même dire qu'ils possédaient cet avantage d'une
manière plus fixe, plus étendue, plus caractérisée
que ne le possèdent aujourd'hui les bourgeois des
villes du royaume, par le droit qu'ils ont d'élire

(1) Voyez *Mémoires,* etc., de Gautier de Sibert, de l'Académie, des inscriptions et belles-lettres

leurs maires et échevins, puisque les scabins réunissaient toutes les fonctions qui sont présentement partagées entre les officiers municipaux et les officiers de justice. Il y a plus encore. Les scabins, choisis par le placite des hommes libres, étaient admis à l'assemblée générale du roi, *generale placitum regis*. Le comte devait y amener avec lui douze scabins, s'il en avait ce nombre dans son comté, ou y suppléer, car ordinairement il n'y en avait que sept, en leur associant cinq notables du même comté : « *Vult dominus imperator, ut in tale placitum quale ille nunc jusserit, veniat unusquisquè comes, et adducat secum duodecim scabinos, si tanti fuerint, sin autem de melioribus hominibus illius comitatus, suppleat numerum duodenarium.* »

« M. l'abbé de Mably met dans un beau jour, dit M. Gaillard, la politique habile de Charlemagne envers ses sujets et les égards délicats qu'il eut toujours pour la liberté. Il ne tenait qu'à lui d'être despote; les conquérants sont toujours despotes quand ils le veulent, et ils le veulent presque toujours; et c'est ce qui les perd. Charlemagne conçut le danger de l'être et la sottise de le paraître; il le conçut par ses propres lumières, sans être aidé par les lumières de son siècle... Il voulait que la loi ne fût autre chose que la volonté de la nation publiée sous le nom du prince. Pour lui, jamais il ne commande; il propose, il conseille; il insinue, il ne fait pas même grâce en vertu de sa prérogative royale ; s'il veut remettre au malheureux Tassillon, son cousin, la peine de mort, prononcée contre lui par l'assemblée des grands, il s'adresse à cette même assemblée ; il intercède auprès d'elle pour Tassillon, sollicite sa grâce et l'obtient. » (*Annales de Metz*, année 788.) (Voyez Hincmar, *de Ordine Palatii*.)

Veut-il retenir à sa cour l'évêque Hildebod, son secrétaire, il s'adresse au pape pour le faire exempter des canons qui ordonnent la résidence, et à l'assemblée de la nation pour l'affranchir de la loi qui défendait aux évêques d'être absents de leurs diocèses pendant plus de trois semaines.

Charlemagne sauvait les apparences de l'autorité nationale avec autant de soins qu'en mettent les politiques vulgaires à sauver les apparences de l'autorité royale.

M. de Mably représente les divers corps de l'État comme se rapprochant par la médiation de Charles. « Soyez unis, répétait-il à ses peuples, et nous serons tous heureux. »

Croira-t-on que je parle de la cour d'un roi, si je dis que les officiers du palais étaient chargés d'aider de leurs conseils les malheureux qui venaient y chercher du secours contre la misère, l'oppression et la calomnie, ou ceux qui, s'étant acquittés de leurs devoirs avec distinction, avaient été oubliés dans la distribution des récompenses? Il était ordonné à chaque officier de pourvoir à leurs besoins, de faire passer leurs requêtes jusqu'au prince, et de se rendre leurs solliciteurs. « Qu'il est beau de voir les vertus les plus précieuses à l'humanité devenir les fonctions ordinaires d'une charge, et, par une espèce de prodige, les courtisans changés en instrument du bien public et en ministres de la bienfaisance du prince!» C'est ainsi que s'exprime M. l'abbé de Mably, et il parle d'après Hincmar dans son traité très-connu *De Ordine Palatii.*

CHAPITRE IX

L'Église et l'État. — Charlemagne en face du Clergé.

Le moyen âge que l'on est accoutumé à considérer comme une époque de barbarie et d'intolérance, montre, dans l'état politique et social du huitième et même du neuvième siècle, la magnifique empreinte que laisse après elle l'étude de l'Évangile, seule lumière du monde, seule gardienne des vraies libertés.

Deux mémoires de l'an 800 contiennent les principales questions que Charlemagne se propose de faire aux divers ordres de l'Etat.

Commençons par les comtes et les juges laïques qui étaient chargés spécialement des soins de la guerre et de l'administration de la justice.

« Nous leur demanderons, dit-il, pourquoi quelques-uns d'entre eux agissent les uns contre les autres par des motifs de haine et d'envie, soulevant leurs vassaux respectifs et consultant leurs passions plus que la justice ; pourquoi ils négligent de se secourir les uns les autres en cas d'attaque soit à l'armée, soit sur la frontière ; pourquoi ils ne se réunissent pas toujours pour le service ou la défense de la patrie? »

Voici le langage que Charles tient aux évêques :

« Nous les prierons de nous expliquer nettement ce qu'ils appellent quitter le monde et prendre Dieu pour son partage ; si c'est avoir quitté le monde que de travailler sans cesse à augmenter ses revenus, en promettant le paradis et menaçant de l'enfer pour persuader aux personnes simples de se dépouiller de leurs biens et d'en priver leurs héritiers légitimes. »

« Ces questions regardaient moins la doctrine que les mœurs et la conduite, » observe avec raison M. Gaillard.

En effet le concile de Châlons, tenu en 813, s'exprime ainsi :

« On impute à quelques-uns de nos frères les évêques de persuader à des personnes riches de renoncer au monde pour donner leurs biens à l'Église, rien ne doit être plus loin de notre pensée. »

Une réforme urgente, au commencement du règne de Charlemagne, avait été celle du clergé.

Nous avons vu au sujet de l'exemption demandée au pape pour l'évêque Hildebold comment Charlemagne reconnaissait la primauté de l'évêque de Rome et la subordination que doivent les évêques au chef suprême de l'Église.

Nous donnerons encore ici pour preuve du zèle qu'il éprouvait pour la réformation du clergé et de la déférence avec laquelle il entrait dans cet ordre d'idées, la lettre suivante adressée par lui aux évêques assemblés :

« Je vous envoie des commissaires qui, en mon nom, concourront avec vous à corriger les abus qui méritent d'être réformés. Je les ai chargés de vous communiquer quelques projets de règlements que je crois nécessaires ; mais, de grâce, ne prenez point en mauvaise part des conseils qui ne sont que le fruit de mon zèle pour ce qui vous touche. J'ai lu dans l'Écriture que Josias, ce prince recommandable par sa piété, ne négligeait rien pour établir le culte du vrai Dieu et, quoique je sente combien je suis inférieur à ce saint roi, je dois tâcher de suivre son exemple. »

L'astronome chroniqueur du neuvième siècle a laissé une *Vie de Louis le Débonnaire*, ouvrage curieux par l'exactitude des détails.

Voici comment il dépeint les mœurs du clergé, sous Charles-Martel et sous Pépin.

« Le clergé d'Aquitaine, dit-il, régi comme il l'était par des tyrans, s'adonnait à la chasse, à l'art de lancer des flèches plus qu'il ne s'adonnait au service divin.

« Par les soins du roi, on fit venir de tous les côtés des maîtres de lecture, de chant, de littérature tant sacrée que profane. L'ordre monastique fut restauré.

« Pour préserver le clergé de toute rechute dans son ancienne ignorance, Charlemagne le tenait en haleine par des questions continuelles, il consultait les évêques sur les divers points importants de doctrine et de discipline, bien moins pour s'instruire que pour les éprouver; il était honteux d'être pris au dépourvu et il eût été dangereux de répondre au hasard à un prince si instruit et qui n'eût pas manqué d'en consulter d'autres. Il n'y avait d'autre ressource que de s'être prémuni par une profonde étude contre ces sortes de surprises. »

On lit dans les Capitulaires une lettre de Charlemagne adressée aux évêques qui est ainsi conçue :

« Charles, avec l'aide de Dieu, roi des Francs
et des Lombards,
« Et patrice des Romains,
« Aux lecteurs religieux soumis à notre
domination.

« Ayant à cœur que l'état de nos églises s'améliore de plus en plus et voulant relever par un soin assidu la culture des lettres qui a presque entièrement péri par l'inertie de nos ancêtres, nous excitons par notre exemple même à l'étude des arts libéraux tous ceux que nous pouvons y attirer. Aussi avons-nous déjà, avec le constant secours de Dieu, exactement corrigé les livres de l'ancienne et nouvelle alliance, corrompus par l'ignorance des copistes.

« Nous ne pouvons souffrir que, dans les lectures divines, au milieu des offices sacrés, il se glisse de discordants solécismes et nous avons résolu de réformer ces lectures,

6

« Nous avons chargé de ce travail le diacre Paul, notre client familier. Nous lui avons enjoint aussi de parcourir avec soin les écrits des pères catholiques, de choisir dans les fertiles prairies quelques fleurs et de former, pour ainsi dire, des plus utiles une seule guirlande. »

CHAPITRE X

Deuxième intervention française.

L'an 772, le roi des Lombards fit la guerre au pape avec perfidie et atrocités.

Il promettait avec serment une paix inviolable au Saint-Siége, et en donnait l'assurance à la France au moment même où il la violait.

Mais les temps sont marqués, les générations sont comptées pour ceux qui règnent contre la justice.

Charlemagne, infatigable dans la paix comme

dans la guerre, allait être amené à une nouvelle intervention en Italie.

Écoutons le récit d'Anastase le Bibliothécaire :

« Les habitants de Blera s'occupaient tranquillement à faire leur moisson lorsqu'une troupe de Lombards fondit sur eux, égorgea les hommes, emmena captifs les enfants et les femmes, après avoir mis tout à feu et à sang. Bien des fois le pape envoya des ambassadeurs et des lettres suppliantes pour détourner le roi de ces cruautés, et pour lui demander de rendre les villes qu'il avait usurpées.

« Didier répondit que non-seulement il ne les restituerait point, mais qu'il allait marcher sur Rome avec toute son armée pour la serrer de près et la forcer à se rendre.

« Dans cette extrémité, le pape Adrien fit murer quelques portes de la ville et fermer soigneusement les autres. En même temps, il envoya par mer des légats à Charlemagne, roi des Francs, et patrice des Romains pour le supplier de venir au secours de l'Église romaine.

« Dans le même temps, Didier sortait de Pavie et marchait sur Rome.

« Mais la menace d'anathème portée à Didier de la part du pape par les évêques Eustrathe d'Albane, André de Fréneste et Théodore de Tibur, arrête le roi lombard. »

Les légats rencontrèrent Didier à Viterbe.

Dès son retour à Pavie, Didier assura à Charlemagne qu'il avait rendu les villes prises et qu'il avait fait justice à l'Église romaine.

L'évêque Georges Vulfard, abbé de Saint-Martin-de-Tours, Albin, un des favoris de Charles, et ses ambassadeurs auprès du roi lombard témoignèrent que Didier n'avait rien rendu.

Charles s'avance vers la Lombardie et traverse le mont Cenis.

Les Lombards s'étaient fortifiés dans les gorges avec des retranchements qu'ils croyaient imprenables.

Charles envoya de nouveaux ambassadeurs a Didier, car, l'ayant offensé par le renvoi de sa fille, il se croyait tenu à une plus grande modération envers lui. Les offres des quatorze mille sous d'or, proposés déjà à Didier, s'il voulait satisfaire le pape, furent rejetées pour la seconde fois avec la même hauteur.

Mais, lorsque tout reposait dans un paisible silence, et que la nuit était au milieu de sa course, saisis d'une terreur soudaine, Didier, son fils

Adalgise et tous les Lombards abandonnèrent leurs tentes et prirent la fuite.

Les Français les poursuivirent.

Didier se renferme à Pavie et son fils Adalgise à Vérone.

Le roi des Lombards, informé que le roi des Francs approchait de Pavie, appela auprès de lui Autchaire, seigneur franc, réfugié à sa cour, afin d'apprendre la force et la puissance de Charles, car ce duc franc avait connu l'une et l'autre dans des jours meilleurs.

Il répondit au roi :

« Quand vous verrez les moissons s'agiter d'horreur dans les champs, le sombre Pô et le Tessin inonder de leurs flots noircis par le sang les murs de la ville, alors vous jugerez de ce qu'est Charles et de sa venue. »

Il n'avait pas fini de prononcer ces paroles, qu'ils aperçurent au couchant, comme un nuage ténébreux, soulevé par le vent du nord-ouest, qui changea le jour le plus brillant en ombres lugubres. Et le roi Charles approchant, l'éclat des armes fit luire, pour les gens enfermés dans la ville, un jour plus sinistre qu'aucune nuit.

Alors parut Charles, cet homme de fer, dont les yeux portaient la victoire, et qui paraissait avancer avec l'assurance d'un roi arrivant au milieu de ses sujets.

Les habitants de Pavie, remis de leur première frayeur, se défendirent avec courage et persévérance.

Charles fit en même temps le siége de Vérone. La reine Gerberge, qui s'y était renfermée, vint se rendre à lui avec ses enfants.

Le duc Autchaire, fidèle au fils de Carloman, dont il avait été l'ami, entra dans l'armée de Charles, se signala par ses exploits militaires et mourut plus tard à l'abbaye de Saint-Faron-de-Meaux, avec la réputation d'une grande sainteté.

Tout le pays des Lombards se soumettait à Charles, presque sans résistance, à part Vérone, qui, grâce à la présence d'Adalgise, fut investie et ne se rendit pas.

CHAPITRE XI

**Rieti, Spolète, le duché de Ferno, Ossino, Ancône,
Foligny se donnent volontairement au pape.**

Pendant que l'armée de Didier se dirigeait vers les Alpes, les notables de Rieti et de Spolète accouraient à Rome pour se donner au pape Adrien.

Tous les habitants désiraient également appartenir au Saint-Siége, mais ils craignaient le roi lombard.

Quand ils eurent appris sa défaite, ils se rendirent à Rome de différentes villes et supplièrent à genoux le pape Adrien de les recevoir au service de saint Pierre.

Le pape se rendit avec eux à la basilique du prince des apôtres. Alors ce peuple qui avait recouvré son indépendance unanimement depuis le plus grand jusqu'au plus petit, *tous* prêtèrent serment de fidélité à saint Pierre, au pape, son vicaire, et à tous ses successeurs (1).

Avec l'assentiment du pape, ils choisirent l'un d'entre eux pour être leur duc. Il se nommait Hildebrand.

Les habitants du duché de Ferno, d'Ossino, d'Ancône et de Foligny, se rendirent tous à Rome et firent de même.

On accuse sans cesse l'Église de vouloir attenter à l'indépendance souveraine et de chercher à asservir les peuples afin de satisfaire son ambition.

Peut-on rendre l'Église responsable des torts dont quelques membres du clergé de toutes les

---

(1) Ils se firent couper la barbe et les cheveux comme les Romains.

« Les peuples couraient se ranger sous la domination du Saint-Siége.

« Les Lombards, pour montrer qu'ils ne voulaient plus être distingués des Romains, s'empressaient de faire couper la longue barbe qui les distinguait et qui paraît leur avoir donné leur nom. (Langobardi ou Longobardi.) Voir Anastase le Bibliothécaire, Paulus Æmilius, Rorhbacher.

époques ont pu se rendre coupables ? Ces torts doivent-ils être attribués à sa doctrine ou aux faiblesses inhérentes à l'humanité? C'est là une question intéressante à examiner.

« 1° Considéré d'une manière générale et sans en faire l'application à aucun des trois régimes, monarchique, aristocratique et démocratique, le pouvoir civil vient immédiatement de Dieu seul, dit l'Église avec Bellarmin, car il est une conséquence nécessaire de la nature de l'homme et remonte par la même nécessité à l'auteur de cette nature.

« 2° En tant qu'il est de droit divin, le pouvoir réside dans la communauté comme dans le sujet qui l'a reçu immédiatement, car le droit divin n'implique par lui-même aucune délégation particulière et en dehors de toute détermination positive, il n'y a aucune raison pour que, entre plusieurs égaux, l'un d'eux exerce l'autorité plutôt qu'un autre. Cette autorité appartient donc au corps social qui, comme personne morale, doit avoir les moyens de pourvoir à sa conservation, de punir les perturbateurs de son repos.

« 3° Comme la communauté ne peut exercer le pouvoir par elle-même, le droit naturel lui fait une obligation de déléguer cet exercice à un ou plusieurs de ses membres, et sous ce point de vue considérée en elle-même, l'autorité de ceux qui commandent est de droit naturel, c'est-à-dire divin, de sorte que la société ne pourrait même d'un commun accord se refuser à toute délégation.

« 4° La détermination particulière est de droit positif et non de droit naturel, car le peuple est libre de choisir pour le gouverner un roi, des consuls ou d'autres chefs, sous une dénomination quelconque. » *De Controversiis*, tom. II, 1. III, chap. 6, *de Laicis.*

On le voit donc, les papes de cette époque, ont suivi la doctrine toujours professée par l'Église.

« L'Église, a dit Bossuet, n'empiète pas sur les pouvoirs humains, mais n'abdique pas devant eux ses droits divins, heureuse de rencontrer leur concours et ne repoussant pas leur alliance, mais sachant, s'il le faut, s'en passer ; ne gênant pas leur mission terrestre, mais ne pouvant pas consentir à ce qu'ils gênent la sienne.

« Société universelle qui ne connaît point de limites dans le temps ni de barrière dans l'espace, dépositaire des biens célestes et chargée de communiquer aux hommes, jusqu'à la fin des âges, la vérité évangélique, et par cette mission comme par cette origine et cette expansion, tenant dans le monde civilisé une place qu'aucune autre puissance ne détruira jamais. »

Le moment était arrivé où, selon les paroles de saint Grégoire le Grand (sixième siècle), l'Église allait apprendre d'en haut à se servir des rois et des empereurs pour faire mieux servir Dieu et élargir la voie du ciel.

CHAPITRE XII

Donation de Charlemagne. — Possessions du Saint-Siége.

Charlemagne continua le siége de Pavie et celui de Vérone ; mais les fêtes de Pâques approchant, et Charles voulant les célébrer au tombeau des saints apôtres Pierre et Paul, prit avec lui un détachement de ses troupes, et, accompagné des évêques, des abbés, ainsi que d'un grand nombre de comtes, de ducs et d'autres seigneurs, il arriva à Rome, le samedi saint, 2 avril 774.

Le pape Adrien, extrêmement surpris de l'heureuse nouvelle de l'arrivée de Charles, envoya au-devant du roi des Francs tous les magistrats de Rome à trente milles (dix lieues).

A un mille de Rome, le pape avait fait placer toutes les compagnies de la milice avec leurs chefs; les enfants des écoles et les jeunes filles, portant des palmes et des rameaux d'olivier, chantaient les louanges du roi; — les croix étaient portées au-devant de Charles.

« Le roi franc avait alors vingt-sept ans (1). Il était d une grande et belle taille, avait les yeux grands et vifs, et le visage gai. »

Dès qu'il aperçut les croix, il descendit de cheval avec les seigneurs, et marcha à pied jusqu'à l'église de Saint-Pierre, au milieu des acclamations du peuple. Il y fut reçu par le pape qui l'y attendait avec son clergé et le peuple romain.

Après que le pape et le roi, prosternés ensem-

(1) Dans une mosaïque représentant Charlemagne et qui se trouvait à Rome, il porte la couronne impériale des empereurs d'Orient; il a des moustaches, sans barbe; il est vêtu d'une tunique fort longue avec une chlamyde attachée sur l'épaule droite; il portait toujours, dit Éginhard, le costume de sa patrie, c'est-à-dire des Francs.

Quand il recevait les ambassadeurs étrangers et dans les grandes fêtes, son épée était enrichie de pierres précieuses, sa tunique était tissue d'or, ses chaussures étaient couvertes de pierreries, une agrafe d'or attachait son manteau, et sa couronne resplendissait des pierres les plus précieuses.

ble devant la Confession de saint Pierre, eurent remercié Dieu des victoires qu'il leur avait déjà accordées par l'intercession du prince des apôtres, le roi s'étant relevé, et s'adressant au pape, il le pria instamment de lui *permettre* d'entrer à Rome pour faire ses prières et accomplir ses vœux dans les diverses églises de cette ville.

Le pape répondit qu'il le lui *accordait* bien volontiers.

Le pape et le roi descendirent dans le tombeau de saint Pierre.

Après s'être donné avec serment des assurances mutuelles, s'être juré une amitié particulière sur le corps du premier vicaire de Jésus-Christ, puis, en présence des seigneurs et du peuple, Charles et Adrien entrèrent dans Rome[1].

(1) Charlemagne, patrice des Romains, titre qui signifiait gouverneur, tenait ce titre du pape et du peuple romain : *République ayant le pape pour chef*. Ce fait ne peut laisser de doute en ne lisant même que les lettres dont la collection est dans dom Bouquet, et le même fait existait sous Pépin.

Paul, pape élu le 29 mai 757, écrivait à la nation des Francs :

« Dans l'impuissance où je me trouve de vous témoigner dignement ma reconnaissance pour tant de bienfaits, je me console dans la pensée que le juste Juge, qui est au ciel, vous en récompensera..... » *Epist. Paul.*, dom Bouquet, tome V.

De leur côté, le sénat et le peuple romain écrivaient en même temps : « *Domino excellentissimo, atque præexcellentissimo et à Deo instituto, magno, victori, Pippino Regi*

Ils se rendirent d'abord à la basilique de Latran, où le roi assista à la cérémonie du baptême que le pape administrait, selon la coutume, la veille de Pâques.

Le roi retourna ensuite à Saint-Pierre où était son logement.

Charles, non content de confirmer les donations de Pépin, y ajouta la Sabine, le duché de Spolète et la Tuscie (1).

Les possessions du Saint-Siége consistaient dans l'Exarchat et la Pentapole entre la mer Adriatique et l'Apennin, depuis l'Adige jusqu'à Ancône.

Francorum, et Patricio Romanorum, omnis senatus atque universa populi generalitas à Deo servata Romanæ urbis. » « Au grand et victorieux Pépin, roi des Français et patrice des Romains, *Quoniam nihil nobis dulcius.... domine rex.* Rien ne pouvait nous être plus doux, seigneur roi, que cet avis que vous avez daigné nous donner, d'être fidèle envers le bienheureux Pierre, prince des apôtres, envers la sainte Église de Dieu, et votre bienheureux père Paul, souverain pontife et pape universel, car il est notre père... » Nous chérissant *et nous gouvernant* avec sagesse comme le seigneur pape Etienne, son frère, de sainte mémoire... (Voir tome V, dom Bouquet.)

(1) Voir la dissertation de dom L. P. Bieble, bénédictin, Cong. S. M. S.-G. des Prés ; cette dissertation remporta le prix proposé par l'Académie des inscriptions et belles-lettres (1764). — *Mémoire sur les limites du royaume de Charlemagne.*

Úne partie de la Tuscie que Didier avait encore possédée comme duc avant de parvenir à la royauté des Lombards, est aussi un bienfait de Charlemagne (1).

Le père Beretti donne pour limites à ce canton de la Tuscie, d'un côté l'embouchure de Fuine-Cœcina, et de l'autre, l'embouchure de Marta-Fuine, en remontant depuis la mer jusque vers la source du Tibre ; ce qui renferme le duché de Pérouse, le long de la rive droite du Tibre.

Le reste de la Tuscie, en descendant le Tibre jusqu'à la mer, était une ancienne dépendance du duché de Rome; et c'est ce que l'on appelle le patrimoine de saint Pierre.

Ce qu'on nomme la campagne de Rome faisait l'autre partie du duché, à la gauche du cours du Tibre.

La Sabine, limitée au nord par le duché de Spolète, et séparée de la campagne de Rome par le cours du Tévérone était encore un domaine du Saint-Siége.

(1) Ce fut librement, nous l'avons vu, que les peuples de l'Italie se rangèrent sous la domination des pontifes; selon le langage des chroniques, les Francs et leur roi étaient allés en Italie pour restituer l'Exarchat et la Pentapole à celui qui en était le chef le plus réel.

Au delà de ces possessions concédées à l'Eglise, les ducs de Spolète et de Bénévent tenaient leurs duchés en qualité de feudataires selon la formule de l'hommage que rapporte Sigonius : « *Promitto me domino meo Carolo fidelem futurum, ut vassalum Domino.* »

Charlemagne signa la donation de sa propre main, suivant l'expression d'Anastase le Bibliothécaire, qui avait sous les yeux le texte de la donation. Charles la fit souscrire par les évêques, les abbés, les ducs et les comtes qui l'accompagnaient; puis, la plaçant sur l'autel de Saint-Pierre et ensuite au-dedans de la Confession, il fit serment, avec tous les seigneurs qu'il conserverait au Saint-Siége, tout ce qui était contenu dans cet acte, qu'il remit entre les mains du pape, en en gardant pour lui une copie.

CHAPITRE XIII

Les rois lombards tributaires de 755 à 756. — Sujets en 774. — Conspiration du duc de Bénévent.

Charlemagne retourna au camp devant Pavie, avec une nouvelle ardeur de vaincre. Il pressa si vivement cette place que le roi Didier qui la défendait, fut forcé de se rendre.

La prise de cette capitale rendit les Francs maîtres de toute la Lombardie au mois de juin 774. Charles prit le titre de roi des Français et des Lombards.

Charlemagne s'appliqua à faire oublier, par son administration, les malheurs inséparables d'une

7.

invasion. Aucune garnison ne fut mise dans les villes conquises, à part Pavie, comme étant la place la plus forte du royaume et dans les villes frontières et maritimes.

Le peuple conserva ses lois et ses coutumes. Charles marchait au milieu des populations avec une faible garde et paraissait se livrer entièrement à la foi des vaincus; il leur avait laissé leurs biens et cherchait à gagner leurs cœurs.

Il reçut à Monza la couronne de fer des rois lombards.

Quelques seigneurs lombards profitèrent du départ de Charles, de son éloignement aux extrémités de sa vaste monarchie, pour exciter une révolte parmi les ennemis du pape Adrien.

Le duc de Spolète résolut de s'affranchir de sa dépendance comme feudataire du Saint-Siége.

L'archevêque de Ravenne trouvait que les terres de l'Exarchat convenait à son siége tout aussi bien qu'à celui de Rome.

Cette cause fut portée en France et plaidée.

La mort de l'archevêque de Ravenne termina ce procès.

Mais le duc de Bénévent et le comte de la Marche Trévisane, Rotgand, duc de Frioul, poursuivaient les trames d'un complot qui avait pour but de défaire tout ce que Charlemagne avait fait en Italie.

Ils traitèrent avec l'empereur Léon, mari de la fameuse impératrice Irène et avec Adalgise qui s'était réfugié à la cour de Constantinople ; mais, tandis que l'empereur Léon se prépare lentement à leur porter secours, Charlemagne, du fond de l'Allemagne, se précipite avec la vitesse de l'aigle.

Le duc de Frioul est fait prisonnier. Le duc de Bénévent, le duc de Spolète font aussitôt assurer Charles de leur fidélité. Il usa d'indulgence envers eux, mais, quant au duc de Frioul, le principal des conjurés et le plus important, car ses Etats tenaient à la fois à l'Allemagne, à la France, à l'Italie et dominaient sur la mer Adriatique, il fut condamné à avoir la tête tranchée.

« Par une rigueur où l'on reconnaît toujours plus les principes du temps que l'âme de Charlemagne, il fit trancher la tête au duc de Frioul. Si l'on demande de quel droit, il nous est impossible d'en reconnaître d'autre ici que celui de la force.

« ...Si on dit qu'une conquête se conserve par les mêmes moyens que l'autorité légitime, c'est-à-dire en punissant ceux qui s'élèvent contre elle et que les exemples alors sont nécessaires pour maintenir toute puissance, soit ancienne, soit nouvelle, soit qu'elle tire son origine des lois ou de la force, je répondrai que, comme le conquérant est réduit à punir ce qu'il faudrait récompenser, comme c'est la fidélité, l'attachement aux lois qu'il est obligé de réprimer par des supplices, comme cet intervertissement des récompenses et des peines, de la gloire et de l'opprobre, sape tout principe de morale et de politique et détruit les vertus mêmes qui font la sûreté du trône, il s'ensuit qu'il ne faut point faire de conquêtes (1). »

Mais, ajouterons-nous, quels désastres n'attireront pas sur les trônes et sur les rois les constitutions détruites chez des nations surprises, trahies et partagées, et qui, opprimées et frémissantes, se trouvent encore comme sous l'étreinte, « d'un lion qui tient sa proie dans ses ongles. »

Dieu, quelquefois, les regarde en pitié et sa main puissante sait ramener en arrière les oppresseurs du peuple.

« Ces rois croiront, disent les saintes Écritures, qu'ils peuvent changer les temps et les lois et que les hommes sont livrés en leurs mains, un temps et un temps et la moitié d'un temps.

(1) Gaillard.

« Et le jugement interviendra afin que la puissance leur soit ôtée; qu'ils soient brisés et qu'ils soient déchirés jusqu'à la fin (1). »

Le duc de Bénévent, aidé par le duc de Bavière, Tassillon, ourdit une nouvelle conspiration (786-787).

De nouveau des propositions furent faites par les conjurés à la cour de Constantinople qui ne prit pas d'engagement, mais ne les rebuta pas non plus.

Ces ducs faisaient sourdement leurs préparatifs.

Charlemagne descend en Italie, traverse rapidement Florence et Rome et se dirige sur Bénévent en soumettant sur sa route toutes les places du duc.

La grâce du duc de Bénévent est sollicitée et accordée.

Le duc de Bénévent donne ses deux fils pour otage. Charlemagne lui renvoie l'aîné qui fut remplacé par quelques Bénéventins.

Il y a dans la vie des peuples et des rois des moments où les uns et les autres semblent comme fatalement entraînés vers les événements qui décident de leurs destinées et l'on voit les con-

(1) V. Daniel, ch. VII, v. 25 et 26.

quérants marcher vers l'accomplissement de desseins qui paraissent tracés d'avance.

« Plus de deux cents ans avant leur naissance, Dieu parlait ainsi à Cyrus et à Alexandre :

« Tu n'es pas encore, disait Dieu à Cyrus, mais je te vois et je t'ai nommé par ton nom. Tu t'appelleras Cyrus. Je marcherai devant toi dans les combats; à ton approche, je mettrai les rois en fuite; je briserai les portes d'airain. C'est moi qui étends les cieux, qui soutiens la terre, qui nomme ce qui n'est pas comme ce qui est.

« Daniel voit le roi des Grecs s'animant à la vue du roi des Perses, l'abattant, le foulant aux pieds, nul ne pouvant le défendre de ses coups ni lui arracher sa proie (1). »

Chaque voyage que Charlemagne faisait à Rome était utile au Saint-Siége. Il ajouta à la donation déjà faite les villes de Sorea, Arcès, Aquin, Arpi, Theano et Capoue.

« Charles s'en alla à Rome rendre grâce à Dieu, dit la chronique, et avec le pape Adrien il fit beaucoup de constitutions de droite équité et dignes d'être conservées. »

______

(1) Bossuet, Isaïe, ch. XLV, v. 1, 2, 3, 4, 7. — Daniel, ch. VIII, v. 5.

CHAPITRE XIV

Guillaume d'Aquitaine.

Charlemagne, après avoir fait couronner à Rome, par Adrien Ier, Louis son fils roi d'Aquitaine, reprit la route de France.

Ce prince jugeait que les diverses contrées sont faites pour se communiquer leur richesse et leur science ; il s'entourait dans tous les pays qu'il parcourait, des écrivains dont le mérite était reconnu, il en faisait ses amis et non ses protégés. C'est ainsi qu'il ramena en France, l'anglais Alcuin, qu'il avait rencontré à Parme en 780.

Nous parlerons plus tard de ce Bède de la Gaule, qui a tant fait pour la renaissance des lettres en France.

« En général, dit Ampère, on ne connaît que la renaissance du quinzième ou du seizième siècle et l'on croit faire beaucoup, quand on remonte dans l'histoire de notre littérature jusqu'à Rabelais ou jusqu'à Marot. »

Le roi d'Aquitaine qui n'avait alors que trois ans, fut envoyé dans ses États pour en prendre possession. Des ministres également capables de veiller sur son éducation et d'administrer les affaires du royaume, avaient été choisis par le roi son père.

Le principal de ses ministres était Arnold, l'un des seigneurs de la cour le plus sage et le plus accompli.

« Le jeune Louis, qui avait été porté dans un berceau, de Rome à Orléans, fut habillé et armé à la mode des Gascons, dit l'astronome, et on lui fit faire le voyage à cheval afin de donner à ses sujets la satisfaction de le voir. »

Les contemporains disent aussi, que les villes fortifiées se rencontraient à chaque pas, que des ponts étaient jetés sur les rivières et sur les torrents. Les monastères et les abbayes, protégeaient les nombreux villages qui se groupaient autour d'eux. A force de travail et d'industrie; les moines, cette milice du ciel, pour parler le langage de l'époque, avaient fini par rendre habitables pour les hommes des lieux qui jusque-là n'avaient été le refuge que des animaux sauvages. Enfin la chevalerie commençait avec ses fêtes qui attiraient le peuple.

L'esprit chevaleresque se répandait ; et cet enthousiasme de l'amour, de l'abnégation, de la douleur et de la gloire, se vouait à la défense du faible et venait mêler de l'humanité aux combats.

Tels étaient l'état et l'aspect de la France, lorsque Louis fit son premier voyage en Aquitaine.

Quoique Louis régnât souverainement en Aquitaine, le roi son père conserva la principale autorité dans ce royaume.

Cela est constaté par un plaid ou assemblée solennelle, tenue à Narbonne, le 3 juin de la quatorzième année du règne de Charlemagne, c'est-à-dire l'an 782.

Charlemagne, ainsi que nous l'avons remarqué, dit dom Vaissette, s'étant réservé la principale autorité dans le royaume d'Aquitaine, résolut de faire juger à sa cour la conduite d'Adalaric,

duc de Gascogne, et de Chorson, duc de Toulouse.
Il appela auprès de lui, dans la Germanie, pendant l'été de 789, son fils Louis.

Ce jeune roi se mit en marche avec un simple équipage de voyageur et arriva à Worms où il attendit son père, occupé alors à la guerre contre les Saxons.

Charlemagne retint ce prince à sa cour pendant tout l'hiver qu'il passa dans la même ville. Il y assembla au printemps suivant la diète générale de la nation et y fit citer Adalaric pour rendre compte de sa conduite.

Ce duc comparut avec d'autant moins de répugnance devant les deux rois qu'il était convaincu qu'ils confirmeraient l'absolution qui lui avait été donnée à la diète des Aquitains l'année précédente.

La diète de Worms lui donna une entière liberté de parler et de dire tout ce qu'il voulut pour sa justification, mais, n'ayant pu répondre à tous les chefs d'accusation qu'on porta contre lui, il fut proscrit et condamné à un exil perpétuel.

Voici ce qui motivait ce jugement :

Lorsque Charlemagne avait puni la révolte de Loup, duc des Gascons, qui avait défait l'arrière-garde de son armée, à la vallée de Ronceveaux, touché de compassion pour le jeune Adalaric, il lui laissa une partie de la Gascogne à titre de duché. Mais à peine Adalaric fut-il en âge de porter les armes, que, soit pour venger la querelle de ses ancêtres dépouillés du duché d'Aquitaine par la famille de Charlemagne, soit pour quelque autre motif que nous ignorons, il se mit à la tête de ses sujets et commit diverses hostilités. Chorson, duc de Toulouse, se mit en campagne pour les arrêter, mais il eut le malheur d'être pris par ce duc. Celui-ci lui offrit sa délivrance à des conditions qu'un homme d'honneur et un sujet fidèle à son prince auraient rejetées. Chorson qui souhaitait de se voir en liberté, les accepta pourtant, et joignant la lâcheté à la félonie, il promit au duc de Gascogne de ne jamais porter les armes contre lui, non pas même par l'ordre du roi, et que, dans le cas où ce prince le lui commanderait, il refuserait d'obéir.

L'assemblée de Worms examina ensuite la conduite de Chorson, duc de Toulouse, qui, ayant été trouvé coupable, fut destitué en punition de sa lâcheté et de sa félonie.

Guillaume, si célèbre par ses exploits contre les Sarrasins et par son éminente sainteté autant que par sa valeur, fut nommé en même temps en sa place.

Guillaume naquit sous le règne de Pépin. Théodoric, son père, que quelques auteurs disent neveu de Pépin le Bref, servit utilement Charlemagne dans ses guerres contre les Saxons, durant lesquelles il eut le malheur d'être défait en 793, dit Eginhard.

Il eut un duché ou gouvernement général.

Théodoric et Aldane, sa femme, que quelques auteurs croient fille de Charles-Martel, se rendirent recommandables par leurs hautes vertus autant que par leur haute naissance.

Guillaume reçut auprès d'eux une éducation chrétienne. Charlemagne le prit très-jeune à sa cour et l'honora successivement de la charge de comte du palais et de capitaine de la première cohorte de sa garde.

Sa bravoure, sa bonne mine, sa taille avantageuse, son corps robuste, propre à soutenir les fatigues de la guerre, le firent élever aux honneurs militaires, et la sagesse de sa conduite, jointe à une grande capacité dans les affaires, lui mérita les principales places dans le conseil du roi qui lui confia diverses commissions importantes.

La première expédition que Guillaume entreprit

après sa nomination, fut la guerre qu'il fit aux Gascons rebelles.

Ces peuples n'eurent pas plutôt appris ce qui venait de se passer à la diète de Worms, dans laquelle leur duc Adalaric, auquel ils étaient très-attachés, avait été proscrit, qu'ils reprirent les armes.

Guillaume ayant assemblé les troupes de son gouvernement, marcha vers leur pays et réussit, autant par son habileté que par sa valeur, à remettre la paix dans ces provinces : et plus tard on croit que, par l'intervention de Guillaume, Adalaric rentra en possession de son duché.

Bientôt plusieurs messagers apportèrent de terribles nouvelles de la Septimanie.

Les Sarrasins envahissaient les États dont ils avaient été chassés, ils y faisaient un grand carnage de chrétiens, ils avaient remporté déjà sur eux plusieurs victoires, enlevé de nombreuses dépouilles, et emmené des prisonniers serrés de liens.

Les populations effrayées s'enfuyaient dans les montagnes des Cévennes, qui se trouvèrent bientôt peuplées ainsi que le désert de Conques dans le Rouergue.

Les horreurs de ces déserts étant encore moindres que le sort qui leur avait été destiné par les

Maures, El-Aken, leur jeune roi, qui aimait la guerre pour elle-même, et pour le plaisir de la faire autant que son père avait pu l'aimer comme un moyen d'illustrer son nom et de propager l'islamisme, fit proclamer que les Maures étaient revenus pour occuper le pays au loin et au large, pour le posséder à perpétuité (*præorcupant longe lateque terram quasi jure perpetuo possidendam*).

Charlemagne, ému de la plus vive indignation, donna aussitôt l'ordre d'attaquer El-Aken.

Le commandement de l'armée est donné au brave et infatigable duc d'Aquitaine. Les ordres de Charles sont exécutés avec promptitude. L'armée entre en campagne; — les Sarrasins sont chassés d'Orange; — les victoires remportées par Guillaume se succèdent partout, décisives et brillantes; — les Maures, qui avaient prétendu occuper le pays à perpétuité, en sont chassés pour n'y plus revenir, — poursuivis en Espagne; — l'armée française arrive devant Barcelone, dont elle commence le siége. Guillaume, ce rude et pieux héros, suivi de neuf ou dix chevaliers, tous comtes ou ducs, éclipsait la gloire de tous ceux qui l'entouraient, quoiqu'ils fussent braves entre les braves. Mais le nom de Guillaume est seul populaire.

Par l'ordre de leur chef, les Francs s'empres-
sèrent d'abattre les bois qui se trouvaient aux
abords de Barcelone, d'en construire des ma-
chines de guerre, afin de lancer des flèches et
de battre les murs de la ville assiégée. Plusieurs
furent bientôt construites. Le terrain en rendait
l'usage difficile; les premières attaques, quoique
vives et hardies, furent repoussées par les Arabes.

Les hostilités sont quelque temps suspendues.
L'armée française fait subir à Barcelone un blocus rigoureux; mais elle a la mer libre, des vaisseaux, des matelots, et peut espérer et recevoir,
en effet, des secours.

Les Francs, campés sur un terrain dévasté, sont
les premiers à manquer de vivres, mais le soldat
français sut toujours souffrir avec gaieté et vaincre
les obstacles des entreprises réputées impossibles.

L'historien de ce siége décrit un Maure mon-
tant sur les remparts et insultant les Francs.

« Quelle folie est la votre, ô Francs! Pourquoi
vous fatiguer à battre nos murs par des efforts
inutiles? N'espérez en aucun stratagème pour
prendre cette ville. Puis, nous avons de la nourriture en abondance, de la viande et du miel; et
vous, la famine est dans votre camp. »

Le Duc Guillaume s'approche et répond :

« Écoute, Maure superbe, écoute de dures paroles qui te déplairont, mais qui sont vraies. Vois ce cheval tigré sur lequel j'observe de loin vos remparts ; ce cheval sera broyé sous mes dents avant que notre armée quitte vos murailles. Ce qui a été commencé s'achèvera (1)..»

En entendant les paroles de Guillaume, à son aspect, à celui non moins formidable de ses troupes qui se précipitaient vers leur chef, le Maure frappe de son poing sa noire poitrine, déchire de ses ongles son noir visage. Le malheureux tombe sur sa face, le cœur frappé de terreur.

La famine, avec ses douleurs poignantes, est dans les deux camps. Maures et chrétiens sont réduits aux plus tristes expédients. Les souffrances de la ville assiégée furent telles, que plusieurs de ses habitants, afin de mettre un terme à leurs angoisses, montèrent sur les remparts et se précipitèrent du haut des tours, afin de trouver une mort plus prompte.

Les Arabes se flattaient que la saison rigoureuse allait être pour eux un auxiliaire qui achè-

---

(1)   Concipe, Maure. precor, haud mollia dicta superbe,
      De placitura tibi, veraque credo satis,...

  (Ermoldi Nigelli Carmina, *de rebus gestis Ludovici Pii,*
      liber I, an 801.)

verait d'épuiser ce que les Francs pouvaient conserver de courage et de fermeté. Ils n'ignoraient
pas les coutumes des Francs, dont les campagnes
commençaient ordinairement au printemps pour
se terminer en automne. « Ils lèveront bientôt le
siége, se disaient-ils. Nous les verrons bientôt
repasser les montagnes. »

Mais quel effroi éprouvèrent-ils lorsque, de leurs
créneaux, ils aperçurent les soldats chrétiens,
la hache et la scie à la main, occupés à élever
des cabanes, des huttes et des abris contre le vent
et la pluie. Ils ne purent douter de l'intention
des Francs de s'emparer de la ville à tout prix.
La nouvelle même qu'un message venait d'être
envoyé à Louis pour l'engager à se rendre au siége
qu'on voulait lui laisser l'honneur de terminer,
remplit les assiégés d'une profonde consternation.

Zaddo, gouverneur de la place, assemble son
conseil, et cherche à rassurer le peuple.

La nouvelle de l'arrivée de Louis dans le camp
chrétien, le redoublement de courage, d'ardeur
et de confiance qu'on y remarque, porte la terreur
à son comble. Le duc de Barcelone rassure ceux
dont le cœur était prêt à faiblir. C'était lui,
c'était ce brave chef dont le vaillant courage, la
prudence, l'habileté, la constance avaient jus-

que là soutenu les forces défaillantes des habitants et défendu ainsi Barcelone. Il leur annonce
que, ne désespérant pas de les sauver, il veut ten-
ter un effort par lui-même, rejoindre El-Aken, qui
se trouvait à Cordoue ; revenir avec lui à la tête
des troupes qu'un funeste retard avait empêché
de leur être envoyées, assuré que, s'il voyait le
roi ; tous deux à la tête de ses guerriers, se fraye-
raient un passage à travers l'armée des Francs.
« Nous viendrons ensemble délivrer Barcelone,
ou nous mourrons pour la défendre. »

Cherchant donc le moment favorable pour accomplir ce noble dessein, Zaddo remarqua du haut
des remparts, une partie du camp des assiégeants
où le mouvement et le bruit étaient beaucoup
moindres que partout ailleurs, où s'élevaient çà
et là quelques tentes à de longs intervalles l'une
de l'autre, il crut pouvoir, à la faveur de l'obs-
curité s'échapper de la ville sans être aperçu, et,
sur cet espoir, il forma son plan.

Il nomme pour lui succéder dans le commandement de la ville un guerrier sur la foi et sur la
bravoure duquel il comptait, fait part à tous ses
compagnons d'armes de sa résolution arrêtée de
se rendre à Cordoue pour ramener les secours
attendus ; il les exhorte à se défendre vaillamment

sans essayer de sorties. Il les conjure, dans le cas
où il tomberait dans les mains des ennemis et où sa
vie leur serait offerte comme prix de la reddition
de la ville, de ne point rendre la place et de conti-
nuer à la défendre à toute extrémité. — Tous lui
jurent d'accomplir ses ordres.

La nuit venue, Zaddo monte sur le plus éprouvé
de ses coursiers. Ce noble animal semble deviner
les préoccupations de son maître; une des portes
de la ville s'ouvre silencieusement. Le duc de
Barcelone s'avance au pas le plus lourd de son
cheval à travers la partie du camp qu'il avait reconnue pour la moins fréquentée. Il l'avait presque franchie et la campagne était ouverte devant
lui quand un léger cliquetis d'armes se fait entendre. A ce bruit le noble animal se met à hennir,
les sentinelles s'émeuvent; les soldats francs se
précipitent de tous les côtés.

Zaddo, enveloppé de toute part, s'arrête,
tourne bride et pousse droit devant lui; mais il
tombe dans un gros d'ennemis, il est arrêté et
conduit à la tente royale.

Au point du jour toute l'armée savait qu'un
Sarrasin était entré dans le camp. On se demandait pour quel dessein.

Mais bientôt la nouvelle vint de la tente du roi

et se répandit rapidement. On sut que ce Sarrasin n'était autre que le traître Zaddo, qui se rendait à Cordoue pour aller chercher des secours contre les chrétiens.

Une joie bruyante se répandit dans le camp et la consternation dans Barcelone.

Le roi Louis remet le chef des Maures entre les mains du duc Guillaume.

Il devait être conduit sous les murs de Barcelone pour donner aux siens l'ordre d'ouvrir les portes aux chrétiens.

Zaddo est traîné sous les remparts de la place, une main libre et l'autre chargée de liens.

« Ouvrez la porte, amis, rendez la ville : elle a résisté assez longtemps. » Mais en parlant de la sorte, sa main libre s'élevait vers eux, puis ployant les doigts, il les serrait fortement contre la paume. signe convenu pour démentir un ordre arraché par la force.

Le duc Guillaume admire le Maure, mais le frappant du poing : « Crois-moi, Zaddo, lui dit-il, si je n'étais retenu par l'amour et la crainte du roi, ce jour serait ton dernier jour. »

Du haut des remparts, les amis de Zaddo se montrent dignes de lui et défendent la ville par de nouveaux efforts. Mais bientôt elle fut prise.

Louis, maître de Barcelone, se hâta d'en faire parvenir la nouvelle à Charlemagne.

Les envoyés de Louis trouvèrent à Lyon l'armée que le roi envoyait au secours des troupes françaises.

Cette armée était commandée par le prince Charles, frère aîné de Louis.

Charlemagne, à son retour de Rome, où il venait d'être couronné empereur, apprit l'heureuse nouvelle de la reddition de Barcelone.

Le comte Bego remit à l'empereur le butin envoyé par le roi Louis.

L'infortuné Zaddo lui fut aussi amené.

Charlemagne le traita comme un vassal infidèle et le condamna à l'exil.

Le roi Louis remit le commandement au comte Bera, et le duc d'Aquitaine se rendit dans son gouvernement.

Au milieu des acclamations qui l'accueillirent de toutes parts, Guillaume songeait aux joies du retour. Mais il ne trouva plus la mère qu'il aimait, son épouse adorée. Ses enfants seuls, vêtus de deuil, lui furent amenés.

Il continua à s'occuper avec activité des affaires de son gouvernement.

Les Sarrasins étaient resserrés au delà de

leurs limites et n'osaient rien entreprendre.

En Aquitaine, il faisait observer les lois, rendait lui-même la justice et avait un soin particulier de pourvoir aux besoins des pauvres, de protéger les veuves et les orphelins. Il s'élevait contre l'oppression des grands, ce qui lui attirait l'estime et l'affection de son peuple.

Guillaume, administrateur zélé des intérêts qui lui étaient confiés, venait souvent reposer près de Dieu son âme fatiguée.

Il songeait à ce moment où le voile qui dérobait à ses yeux les êtres qui lui étaient chers serait enfin levé, alors que, transporté au milieu des splendeurs de la destinée divine des chrétiens, il retrouverait un amour qui ne finit plus et une réunion éternelle.

Le duc d'Aquitaine choisit au milieu des montagnes de Lodève, à mi-chemin de cette ville à Montpellier, un lieu où il bâtit un hôpital pour les pauvres, une église et un monastère consacrés au Sauveur.

Ce monastère se trouvait situé près d'une gorge étroite et profonde, dominé de toutes parts par d'âpres montagnes et des rochers aigus.

L'Hérault, qui féconde les riches campagnes d'Agde, n'est là qu'un gros torrent qui parcourt de nombreux ravins couverts de bois et qui se brise en mugissant sur les fragments des rochers dont son lit est parsemé.

Mais entre des rochers affreux se trouvait une petite plaine coupée par un ruisseau d'eau vive qui se jetait dans cette rivière.

Cette plaine, couverte d'arbres, était d'une agréable fraîcheur, ce qui lui avait fait sans doute donner le nom de *Gellone*.

Les bâtiments de l'abbaye de Gellone étant achevés, Guillaume les dota d'une manière également digne de sa piété et de ses richesses. Il lui assigna, par une charte, plusieurs terres dans les diocèses de Lodève, de Maguelonne, d'Albi et de Rhodez, et, par une autre charte, il la mit sous la dépendance de celle d'Anianes et sous la discipline de Benoît, abbé d'Anianes, qui voulut bien se charger de gouverner cette nouvelle maison sans pour cela abandonner la conduite de la sienne.

Ces deux chartes sont datées du dimanche 14 décembre de la vingt-quatrième année du règne de Charlemagne et la quatrième de son empire, c'est-à-dire de l'an 804 ce qui nous fait comprendre que l'on ne comptait le règne de ce prince dans la Septimanie, que depuis la mort de Carloman, son frère, à qui cette province était échue en partage.

C'est par ces anciens monuments que nous apprenons d'une manière certaine les noms de la famille du duc Guillaume.

Le bien et les bonnes œuvres qui se feront dans le monastère sont offerts à Dieu pour le repos de l'âme de son père Théodoric et de sa mère Aldane, pour celui de sa femme Hildegonde, pour celui de sa femme Guilburge. Dans cette charte, il fait encore mention de sa fille Hélinbruck; de ses fils Bernard, Wilcharnus et Gaucelme ; de son petit-fils ou neveu Bertrand. Guillaume n'oublie aucun de ceux qu'il a aimés et qui sont morts, ni ceux qu'il aime et qui vivent près de lui.

Il se trouvait à Gellone, occupé à considérer si tout avait été construit selon ses plans, lorsque ses deux sœurs Albane et Berthe, aussi distinguées l'une et l'autre par leur beauté que par le charme de leur esprit, tombent ensemble à ses genoux et lui disent en pleurant :

« Seigneur notre frère, écoutez notre demande : faites-nous une grâce ; mettez le comble à l'oblation que vous offrez à notre Dieu en nous offrant nous-mêmes au Seigneur. Notre vœu est de prendre ici l'habit religieux et de persévérer jusqu'à ce que Dieu nous appelle. »

Le duc Guillaume, profondément ému, le leur permet en versant des larmes ; — il leur fait bâtir aussitôt un monastère à quelque distance de Gellone.

Cette décision de ses sœurs bien-aimées se représentait souvent à sa mémoire ; — il s'en réjouissait pour elles, mais il en souffrait.

Puis il était fâché de se voir précéder par des femmes dans cette milice du ciel, lui qui, dans les batailles de la terre, était le premier parmi les hommes.

Mandé à la cour pour des affaires, Guillaume fut reçu par Charlemagne avec la même affection qu'éprouve toujours un père en recevant son fils.

Tous les Francs et sa famille étaient dans la joie de sa venue.

Guillaume répondait à l'amitié qu'on avait pour lui par une amitié plus grande encore.

Mais un autre amour l'emportait dans son cœur : l'amour de Dieu, pour lequel il était décidé de quitter toutes choses.

Comment pourrait-il en parler à Charles ? Cette seule pensée le tenait en suspens. Ils se portaient une affection si tendre. « Seigneur Charles, mon père, lui dit-il enfin, vous savez que je vous aime ; vous m'êtes plus cher que la vie et la lumière. Vous le savez, je vous ai servi avec dévouement. Partout où il y avait du péril pour votre personne, j'étais à vos côtés, et je vous faisais un rempart de mon corps.

« Maintenant donc, écoutez la parole de votre soldat, de votre ami. Je vous demande la permission de servir désormais le Roi éternel dans une nouvelle milice; car, depuis longtemps, mon vœu le plus ardent est de renoncer à toùt et de servir Dieu dans le monastère que je viens de construire dans ce désert. Ce sera aussi pour l'amour de vous. »

Charles, surpris, pâlit et fut quelques instants sans répondre; puis, poussant un profond soupir, de ses yeux sortirent des larmes.

« Seigneur Guillaume (1), quelle dure parole venez-vous de prononcer; vous m'avez blessé au cœur par votre demande. Mais cette demande étant juste et raisonnable, je ne puis m'y opposer. Si vous aviez préféré à notre amitié un roi ou un empereur, je le prendrais à injure et je soulèverais contre lui l'univers entier; mais ce n'est rien

(1) Mi domine Wilhelme, quam durum est quod loqueris ! Quam amarum quod suggeris ! gladio me appetis, telo percutis, dum talia prosequeris. . . . . In dom Bouquet, tome V, p. 473. Act., SS. B.

de cela, vous souhaitez de devenir soldat du roi des anges, je ne puis y mettre obstacle, je vous demande seulement d'accepter un présent de mon amitié. »

Charles fondit en larmes et se précipita dans les bras de son ami, puis appuyant, sa tête sur l'épaule de Guillaume, il continua à pleurer aussi amèrement que si la mort le lui avait ravi.

« *Hæc ait: in lacrymas prorumpens, super collum amici ruit, et ut fieri super mortuo solet, diu et amarissime flevit.* »

— Vous ne devez pas, roi clément, Votre Altesse ne doit pas pleurer ainsi vis-à-vis de moi votre fidèle, dit Guillaume avec effort.

« *Non decet, rex clementissime, Vestram Regiam celsitudinem, nec mihi fideli vestro, nec cuilibet unquam tantum condescendere..* . . . .

— Si j'avais pu prévoir ces larmes j'aurais pris la fuite. Quant au trésor que vous daignez m'offrir, abandonnant pour le Christ tout ce qui est à moi, je ne puis accepter ce qui est à vous. »

Lorsque le bruit se fut répandu que le duc Guillaume avait obtenu la permission de quitter le monde pour se retirer dans un monastère, toute la cour et la ville en firent des remontrances à l'empereur et au duc lui-même.

Mais celui-ci leur disait : « Si vous êtes mes amis, souffrez que j'aille à la vie et que j'en prenne le chemin. »

Le duc d'Aquitaine, après avoir distribué de grandes aumônes, donné la liberté à une foule d'esclaves, puis réglé les affaires de sa famille, fit donner ses comtés à ses fils assez avancés en âge pour remplir ces emplois importants.

Le duc Guillaume, après avoir surmonté les oppositions que ses amis et ses parents formaient sans cesse pour le détourner de son dessein, se dirigea vers l'Auvergne, dont les peuples étaient soumis à son gouvernement.

S'étant rendu à Brioude, il fut visiter le tombeau de saint Julien, qui, comme lui, avait été un vaillant soldat. Après s'être prosterné dans l'église, et y avoir fait ses prières, il déposa au pied de l'autel sa cuirasse et son bouclier, puis il alla dans le vestibule de l'église, suspendit son arc armé d'une longue flèche, son carquois et son épée, cérémonie fort usitée dans ce siècle, dit dom Vaissette.

Guillaume avait voyagé jusqu'à ce moment en grand seigneur, mais, ayant fait à Dieu le sacrifice de ses armes, il marcha en pèlerin.

Il arriva ainsi dans le diocèse de Lodève. Il

son entrée dans ce pays, il marcha nu-pieds,
tenant dans ses mains un morceau de la vraie
Croix, le seul des présents de l'empereur qu'il
eût voulu emporter.

Il continua son chemin vers le lieu de sa retraite.

L'abbé et les religieux de Gellone, avertis de
sa venue, allèrent en procession au-devant de lui
et le conduisirent ainsi à l'église du monastère.

Il se dépouilla des habits tissus d'or qu'il portait
encore, et il fut revêtu de l'habit monastique, le
29 juin 806, jour de la fête de saint Pierre.

Ces détails sont donnés par un auteur contemporain du duc Guillaume.

Ardon, disciple et biographe de saint Benoît
d'Aniane raconte combien il était ému lorsqu'il
rencontrait le duc Guillaume, simple moine, al-
lant et venant parmi les moissonneurs, leur portant la nourriture et le vin dont ils avaient besoin.

Modèle de régularité, il se regardait comme le
dernier de ses frères. On le rencontrait sans cesse
humblement et charitablement occupé; veillant
sur ses frères, sur les pauvres et sur les voya-
geurs, c'était toujours le même Guillaume,
aussi prompt à courir pour soulager toutes les
souffrances, qu'il l'avait été pour combattre les

Sarrasins, pour lesquels son nom seul continuait à être un sujet d'effroi et d'admiration.

Il s'appliquait à cultiver les terres environnant le monastère autant que la nature du terrain et la situation d'un lieu plein de rochers pouvaient le permettre.

Le chemin qui conduisait à Gellone, situé entre des rochers très-escarpés et la rivière de l'Hérault, était également étroit et raboteux.

Guillaume entreprit, avec les autres religieux, d'en tailler un nouveau dans le roc. Il en vint heureusement à bout, et par l'élévation qu'il lui donna, il le mit à couvert des inondations de la rivière.

A cette vie laborieuse et pénitente qu'il mena pendant six ans, il joignit toujours un désir ardent des biens futurs et éternels.

Guillaume mourut le 28 mai 812. Mais la grande merveille de la mort des chrétiens est qu'elle ne finit pas leur vie, dit saint Ambroise.

CHAPITRE XV

L'Église institue des écoles gratuites dans les paroisses des campagnes. — Rapport de Théodulfe.

Il y eut à la fin du huitième siècle, de la part des évêques et des ordres monastiques, un effort réel et comme une sorte d'émulation pour développer l'intelligence du peuple en répandant l'instruction.

De tous côtés des écoles célèbres s'ouvraient à la suite d'ordonnances semblables à celle que nous allons citer :

Théodulfe, évêque d'Orléans, s'exprime ainsi :

« Que les prêtres tiennent des écoles dans les

bourgs et les campagnes, et si quelque fidèle veut leur confier ses petits enfants pour leur faire étudier les lettres, qu'ils ne refusent pas de les recevoir et de les instruire ; mais qu'au contraire ils les enseignent avec une parfaite charité, se souvenant de ce qui est écrit : « Ceux qui auront « été savants brilleront comme les feux du fir- « mament, et ceux qui en auront instruit plu- « sieurs dans les voies de la justice, brilleront « comme des étoiles dans l'éternité.» Et qu'en instruisant les enfants, ils n'exigent pour cela aucun prix, et ne reçoivent rien, excepté ce que les parents leur offriront volontairement et par affection. »

Ainsi, dans le huitième et le neuvième siècle, l'Église instituait des écoles gratuites, non-seulement pour les clercs, dans les monastères et les cathédrales, mais pour tous les enfants et dans les paroisses des campagnes (1).

L'an 798, Théodulfe reçut de Charlemagne la mission de parcourir le midi de la France afin d'examiner comment se rendait la justice, observer et réformer l'administration de ces provinces en qualité de commissaire extraordinaire du sou-

(1) Baluze.

verain. Leydrade, évêque de Lyon, lui fut adjoint. A son retour, Théodulfe fit un rapport en vers latins, dans lequel il rend compte de l'état de l'empire et de ce qu'il a vu (1).

Théodulfe, dit Ampère, caractérise sommairement les villes et les lieux où l'avaient appelé sa mission. Ce qu'il dit de Nîmes montre une ville plus vaste et plus riche en monuments qu'elle ne l'est aujourd'hui. — Il donne à Toulouse l'épi-

(1) Legationem intelligit, quam Caroli regis mandato missus dominicus obierat in Gallia Narbonensi una cum Laidrado postmodum Episcopo Lugdunensi. Quo nomine fines ejusdem provinciæ, iterque suum Lugduno Narbonem usque poetico more describit. Officii autem hujus quam ampla fuerit potestas, declarant verba Episcoporum ad Carolum Calvum in Verno palatio. *Quæsumus ut scelerum patratores, et Apostolicæ disciplinæ contemptores, missis a latere vestro probatæ fidei legatis, absque respectu personarum et excœquatione munerum coerceantur.* Ab hac ergo legatione Theodulfo nata est occasio, ut de Judicum officio, quid potissimum cavere, quid præstare debeant, hoc carmine docendum existimaret. (Sirmondi *Opera,* t. II.)

Théodulfe composa deux poëmes administratifs sous le nom de *Parænesis* (exhortation).

VERS DE THÉODULFE.

Præfectura mihi fuerat peragenda tributa,
Resque actu grandes, officiumque potens.

. . . .

Seu quas Lugdunum Arcturo aut aquilone revellit,
Resque Aquitana tuis, pulchra Tolosa, locis.

. . . .

thète de *belle;*— il célèbre Arles comme une ville opulente, l'emportant sur une multitude d'autres, mais le cédant à Narbonne, si riche en nobles monuments.

On trouvait à Narbonne une abondante circulation de monnaies étrangères; les monnaies italiennes et arabes y étaient en grand nombre, à cause des relations commerciales entre ces pays. Là on trouvait les peaux apprêtées de Cordoue, les unes blanches, les autres rouges; les riches

Mox sedes, Narbona, tuas urbemque decoram
Tangimus, occurrit quo mihi læta cohors,
Reliquiæ Getici populi, simul Hespera turba
Me consanguineo fit duce læta sibi.
Inde revisentes te, Carcassonna, Redasque,
Mænibus inferimus nos cito, Narbo, tuis
Undique conveniunt populi clerique catervæ;
Et synodus clerum, lex regit alma forum.
Quis bene compositis, nos tandem opulenta recepit
Urbs Arelas, cives quam statuere sibi.
Urbs Arelas, alius quæ pluribus urbibus exstat
Prima gradu, tamen est, Narbo, secunda tibi,
Quo synodo cleri, legum moderamine plebis
Pectora contidimus juris et artis ope.
Massilia Argolica nos cepit condita gente,
Arvum et Aquinæ urbis, sive, Cavelle, tuum
Ast alias lustrare vetat per singula casus,
Quarum nos populus quo sumus omnis adit.
Æquoris insani fera quas vicinia lædit.
Aere corrupto et tabidus efflat odor.

(In Op. Sirmondi, tome II, et in dom Bouquet, tome V.)

manteaux de soie, fabriqués en Arabie, ornés de broderies de diverses couleurs; — sur les uns étaient brodées des fleurs brillantes et admirablement nuancées; — sur les autres, des oiseaux aux éclatants plumages;— d'autres étaient seulement couverts de riches dessins.

Les monnaies arabes et italiennes, en très-grande circulation dans les provinces méridionales, peuvent donner une idée des échanges commerciaux qui existaient alors entre ces divers pays.

Et par plusieurs diplômes d'immunités accordés à l'abbaye de Saint-Denis, par les rois Pépin le Bref, Charlemagne et Carloman, son frère, on voit que les foires de Saint-Denis étaient fréquentées par les marchands saxons et frisons; ils apportaient aussi des manteaux dont l'usage alors était assez général, et ceux de ces manteaux qui étaient fabriqués chez les Frisons étaient les plus appréciés.

Il paraît, par la chronique de Verdun, que les impôts consistaient principalement dans une multitude de douanes de péages par terre et par eau.

Ce n'était pas non plus avec les seuls revenus des domaines royaux, ou avec les tributs imposés aux nations conquises que Charlemagne exécutait les ouvrages utiles ou somptueux qui signalèrent son règne. Lorsqu'il s'agissait de travaux de second ordre, comme de bâtir des ponts ordinaires, de réparer les routes locales ou d'en percer de nouvelles, de fabriquer des vaisseaux, les comtes des villes et des cantons, par l'intermédiaire de leurs vicaires (vicomtes), achevaient ces travaux avec aussi peu de frais que possible, en y employant les gens de basse condition.

L'ordre du roi était que les ouvriers fussent bien nourris, bien vêtus, bien payés et qu'on leur fournît abondamment toutes les choses nécessaires à leur travail.

Fallait-il peindre les plafonds et les murailles des églises? c'était l'affaire des évêques et des abbés.

Les tournées fréquentes des envoyés royaux servaient à retenir les grands dans le devoir, et à réparer quelquefois leurs torts.

CHAPITRE XVI

**Jonction de l'Océan et de la mer Noire.
La liturgie romaine, introduite dans le royaume,
remplace le rite gallican.**

Ce fut dans le cours de la seconde guerre contre les Huns, commencée en 790, terminée huit ans après par un traité avantageux à l'empire, que Charlemagne forma le plan de la jonction de l'Océan avec la mer Noire.

L'an 792, Charlemagne, convaincu que si l'on pouvait creuser un canal entre les rivières de Rednitz, rivière de Bavière qui naît à 7 kilomètres de Pappenheim et qui se jette dans le Mein et la rivière de l'Altmuhl, qui prend sa source près de Rottenbourg et va tomber dans le Danube à Kelheim, ce canal établirait une communication commode entre le Danube et le Rhin, alla visiter avec toute sa cour, en automne, le lieu où il se proposait de faire entreprendre les travaux au printemps.

Nous avons trouvé dans le *Recueil* des mémoires de l'Académie royale des inscriptions et belles-lettres des détails intéressants sur ces travaux de 793.

La jonction de l'Océan résultait infailliblement de la communication que Charlemagne entreprit vers l'an 793 (1).

M. Schœpfling, associé étranger à l'Académie, a fait des recherches qu'il nous a communiquées et dont nous donnons ici le résultat. Charlemagne dut peut-être l'idée de joindre ainsi le Rhin et le Danube aux fameux canaux de Drusus et de Corbulon, dont le premier joint le Rhin avec l'Issel, et le second fait communiquer le même fleuve avec la Meuse. Maître de la plus grande

(1) V. *Histoire de l'Académie royale des inscriptions et belles-lettres*, avec les mémoires tirés des registres de cette Académie, tome XVIII.

partie de l'Allemagne, il comprit que travailler à joindre ensemble les deux grands fleuves qui en arrosent les extrémités, c'était rendre accessible et pénétrable l'intérieur de ce vaste pays et resserrer les liens de ces différentes provinces; que c'était, en cas de guerre avec les peuples voisins, diminuer les lenteurs et la difficulté des transports de munitions, de vivres et de troupes, seul obstacle à la rapidité de ses conquêtes, et de frayer en temps de paix de nouvelles routes au commerce, déjà très-florissant par ses soins. L'entreprise paraissait aussi facile qu'elle était avantageuse et la nature semblait inviter l'art à seconder une communication qu'elle-même avait préparée et dont elle avait en quelque sorte fixé le lieu. A trois lieues en deçà de Ratisbonne, tombe dans le Danube une rivière nommée aujourd'hui l'Altmuhl, qui prend sa source aux environs de Rottenbourg en Franconie, passe à Pappenheim, à Aichstat, capitale de l'évêché de ce nom, et se divise à son embouchure en deux petits bras entre lesquels est située la ville de Kelheim. En remontant cette rivière l'espace de sept lieues, on se trouve à deux lieues de la source de la Rézat supérieure, qui traverse la Franconie, prend, après un cours de sept lieues, le nom de Regnitz et plus loin celui de Rednits, passe à Nurenberg, à Forchein, et se jette du côté de Bamberg'dans le Mein, qui tombe lui-même dans le Rhin vis-à-vis de Mayence.

Il ne s'agissait donc que de creuser un canal d'environ deux lieues pour ouvrir aux bateaux un chemin de l'Altmuhl à la Rézat.

Charlemagne, qui avait vérifié cette situation des deux rivières pendant un séjour assez considérable qu'il fit à Ratisbonne, alors capitale de l'ancienne Bavière, fit commencer ce canal au printemps de l'année 793. Plusieurs milliers d'ouvriers y furent employés sous les yeux du prince, et poussèrent l'ouvrage avec tant de vivacité, qu'en peu de temps on put se flatter d'un prompt succès.

Les *Annales* de Fulde font mention de ce canal : le poëte anonyme saxon, contemporain de l'empereur Arnould, donne la description du lieu où il fut creusé, et suivant le moine d'Angoulême, auteur de la *Vie de Charlemagne*, et les chroniques de Lorsch de Moissac et de Rheginon, qui le nomment *Fossatum magnum* ou *maximum*, il avait déjà deux mille pas de long sur une largeur de trois cents pieds, lorsque, d'une part, l'irruption des Sarrasins dans la Septimanie et, de l'autre, la révolte des Saxons, ligués avec les Normands, obligèrent Charlemagne à perdre de vue cet ouvrage, à la perfection duquel sa présence était de plus en plus nécessaire. Il partit de Ratisbonne pour se rendre à Francfort; et voulant annoncer qu'il n'abandonnait pas un projet dont les circonstances différaient l'entière exécution, il fit le voyage sur les rivières mêmes qui devaient servir à la jonction du Danube, sur lequel il s'était embarqué; il entra dans l'Altmuhl qu'il remonta jusqu'au canal : le canal n'étant point achevé, il gagna par terre la Rézat, s'y rembarqua, suivit le cours de cette rivière qui le conduisit dans le Mein, et après avoir séjourné quelque temps à Vurtzbourg, il arriva, au commencement de l'année 794, à Francfort, où il assista à un concile.

Les conciles, longtemps négligés, étaient rétablis et la discipline revenait avec eux (1). L'Eglise romaine était toujours consultée dans les affaires douteuses, et ses réponses, reçues avec révérence, étaient des lois inviolables.

En 802, Charlemagne convoqua, à Aix-la-Chapelle, un concile de tout le clergé régulier et séculier de ses Etats. Les évêques et les ecclé-

(1) Tome I, page 202, *Capit.*, Baluz.

siastiques du second ordre s'assemblèrent séparément des abbés et des religieux.

Les premiers dressèrent des canons pour l'exacte observation de la discipline de l'Eglise, et les autres des constitutions pour celle de la règle de Saint-Benoît, la seule qui dans ce temps-là fût en usage en France dans les monastères d'hommes et de femmes.

Ce fut alors que la liturgie romaine fut introduite dans le royaume de Charlemagne, à la place du rite gallican.

En même temps, dans le même palais, Charlemagne convoqua les principaux seigneurs du royaume, conjointement avec les députés du peuple (*et reliquum populum christianum*) et d'habiles jurisconsultes, pour travailler de concert à la réformation de la justice.

Il fit lire, corriger et rédiger par écrit, en pleine assemblée, le texte des diverses lois qui étaient en usage, et ordonna que chacun serait jugé conformément à sa loi. Il défendit surtout aux juges de recevoir aucun présent, et leur ordonna de rendre également la justice aux pauvres et aux riches. Après la fin de l'assemblée, il exigea généralement de tous ceux qui y avaient assisté, tant ecclésiastiques que séculiers, le serment de fidélité dont la formule était à peu près la même que celle que nous voyons en usage dans les siècles postérieurs pour les vassaux à l'égard de leurs seigneurs (1).

(1) Voir dom Vaissette, p. 463. Chronique de St-Denis; et Le Cointe, ad an. 802.

CHAPITRE XVII

**Influence exercée par les idées religieuses dans
le gouvernement et dans le royaume.**

Louis, roi d'Aquitaine, ayant terminé sa campagne contre les Bénéventins, se rendit en
Bavière où il devait passer un an près de Charlemagne. Ils purent s'entretenir du second établissement des Musulmans à Narbonne, des terreurs
toujours croissantes de la Septimanie, de l'expédition commencée, des désastres de la bataille de

d'Orbieu (1), de la bravoure de Guillaume, duc d'Aquitaine, qui, à la tête de quelques soldats seulement, avait tenu tête à l'armée musulmane, malgré la déroute de ses troupes, fait tomber sous le fer de son épée un grand nombre de Sarrasins, tué plusieurs de leurs chefs, rallié les fuyards de l'armée chrétienne, opéré sa retraite dans Carcassonne.

L'année 796 apportait à Charles des triomphes et la gloire. Pendant qu'il battait les Saxons sur les bords de l'Elbe, Tudun, roi des Huns, se convertissait au christianisme et recevait le baptême avec une nombreuse partie de son peuple.

Un grand personnage arabe attendait Charlemagne à Aix, ayant à lui faire des communications importantes. Charlemagne part sur-le-champ et confère avec l'Arabe Abdalah. Le jeune roi d'Aquitaine accompagnait son père. Abdalah apprend à Charles, que voulant combattre El-Aken, cet ennemi du nom chrétien, il voulait se réunir à eux pour lui faire perdre le nom de

---

(1) Dom Vaissette place le lieu où se donna cette bataille à Villedaigne (*vallis Aquitanica*, route ordinaire de Carcassonne à Narbonne). « Les historiens se contentent de nous dire que cette bataille fut donnée l'an 793, sans nous dire le jour et le mois, » dit dom Vaissette.

Victorieux., que son invasion en Septimanie lui avait fait décerner par les siens.

Le séjour des rois et d'Abdalah à Aix répandit en Provence l'espoir d'un triomphe prochain du christianisme sur l'islamisme, et la joie fut grande dans ce beau pays si cruellement dévasté (1).

Théodulfe écrivit alors ces vers qui répondaient à l'espoir populaire :

« Elles arrivent, elles arrivent, prêtes à adorer le Christ, ces nations que de ta main puissante tu appelles à lui... »

(1) Outre les horreurs que la guerre entraîne après elle, cette province avait encore eu à souffrir avec le reste du royaume d'une cruelle famine qui fit périr beaucoup de monde et obligea de permettre l'usage de la viande pendant le carême, disent les *Annales de Moissac*. Benoît, abbé d'Aniane, signala alors sa charité envers les pauvres qui venaient à lui de toutes parts avec l'espérance de trouver en lui un secours dans toutes leurs misères. Ils ne furent pas trompés dans leur attente : ce saint abbé leur distribua toutes ses provisions, ne réservant pour sa communauté que le nécessaire sur lequel on eut recours encore jusqu'à trois fois, car ses religieux, au nombre de trois cents, secondaient la charité de leur supérieur et sauvèrent la vie à une foule de misérables que la famine aurait fait infailliblement périr.

L'abbaye d'Aniane était alors dans sa splendeur. Sa principale église, dédiée au Sauveur du monde, était d'une grandeur proportionnée à celle des autres bâtiments qui pouvaient commodément loger mille personnes. Il y avait aussi une autre église sous l'invocation de la sainte Vierge, dont

Charlemagne se repentait de ses cruautés envers les Saxons (1). Son cœur droit, éclairé par les avis d'Alcuin, comprenait enfin l'odieux et l'injustice d'imposer par la force ce qui ne doit appartenir qu'aux convictions de l'âme.

Aussi, depuis ce moment, s'appliquait-il à leur faire apprécier les douceurs de la vie civile, les charmes de la paix, la sainteté du christianisme,

l'entrée, ainsi que celle de la première, était interdite aux femmes pour lesquelles on avait bâti deux oratoires particuliers. Pour soutenir ces religieux dans une régularité devenue célèbre, Benoît composa la concorde des règles qu'il rapporte toutes à celle de saint Benoît, son patron. Il s'appliquait à leur faire apprendre ce qu'il croyait nécessaire ou utile à leur état, il assembla dans cette vue une nombreuse Bibliothèque. Il fit aussi instruire dans son monastère un grand nombre de séculiers à qui il donna d'habiles maîtres.

Les religieux s'exerçaient tantôt à la prédication, tantôt aux travaux les plus durs et les plus pénibles de la culture et du défrichement des terres. Leurs habits étaient blancs, le scapulaire et la coule noirs.

Les ducs et les comtes du pays et des autres provinces de France, touchés de la sainteté et de la régularité de ces religieux, contribuèrent libéralement à la décoration de leurs églises ainsi que Charlemagne et son fils Louis, roi d'Aquitaine. V. dom Vaissette.

(1) Charlemagne n'éprouva nulle part autant de résistance et d'opiniâtreté que de la part des Saxons. En parlant de cette guerre, Éginhard emploie ces expressions : *prolixius* (la plus longue), *atrocius* (la plus atroce), *laboriosus* (la plus pénible). (Eginh., 248, *Kar. Mag.*, ch. 7.)

qui tend à faire de tous les hommes un peuple de frères.

« Les institutions libres suffisent pour dévelop-per l'intelligence ét la sagesse du peuple ; mais c'est un pas de plus que de lui donner par delà le nécessaire en fait d'instruction. Le nécessaire en tout genre a quelque chose de révoltant quand ce sont les possesseurs du superflu qui le mesurent. Ce n'est point assez de s'occuper des gens du peuple sous un point de vue d'utilité, il faut aussi qu'il participe aux jouissances de l'imagina-tion et du cœur. C'est dans le même esprit que des philosophes très-éclairés se sont occupés de la mendicité (1). »

Au huitième siècle, par l'inspiration du chris-tianisme « ce conquérant qui marche à la déli-vrance de l'humanité (2), » le roi des Francs « se jugeait et se sentait chargé de soulager toutes les misères non-seulement dans l'étendue de ses vastes États, mais au delà des mers et dans les autres parties du monde. » Il envoyait d'abondantes au-mônes aux chrétiens de Syrie, de Jérusalem, d'Alexandrie, de Carthage et d'Égypte. Il leur

(1) Madame de Staël.
(2) Chateaubriand.

procurait la protection et presque la faveur du calife Haroun-al-Raschid, admirateur et ami du roi des Francs... C'était le génie tutélaire du christianisme. Il veillait sans cesse au salut des chrétiens et à la propagation de la foi, mais il ne bornait pas aux chrétiens ses secours charitables. Il croyait que tout homme y avait droit à proportion de ses besoins, et les païens mêmes l'appelaient le Père de l'univers (1). »

La mendicité vagabonde avait été interdite par ordonnance du roi. Chaque ville, y est-il dit, sera chargée de ses pauvres ; mais ceux qui refuseraient de travailler ne devaient rien recevoir.

Mendici per regionem vagari non permittantur sua quæque civitas pauperes alito, illisque, nisi manibus operantur, quisquam dato. »

Voilà comment, à cette époque, on avait résolu le difficile problème de l'extinction de la mendicité. De nos jours, on a inventé la prison du pauvre.

(1) Gaillard et Velly, *Annales, Vit. Ker. Mag.*

CHAPITRE XVIII

Alcuin. — La renaissance des Lettres.

« Il faut bien mal connaître le christianisme...
pour recommander à ceux qui veulent y croire
l'ignorance, le secret et les ténèbres. Ouvrez les
portes du temple; appelez à votre secours le génie, les beaux-arts, les sciences, la philosophie;
rassemblez-les dans un même foyer pour honorer
et comprendre l'auteur de la création, et si l'amour
a dit que le nom de ce qu'on aime semble gravé
sur les feuilles de chaque fleur, comment l'em-

preinte de Dieu ne serait-elle pas dans toutes les idées qui se rallient à la chaîne éternelle (1). »

Alcuin, l'ami, le conseiller, le docteur, et en quelque sorte le premier ministre de Charlemagne, avait rencontré ce prince lors de son passage à Parme (780). Pressé vivement de s'établir en France, Alcuin, après quelques hésitations, s'y engagea pourvu qu'il en obtînt la permission de son évêque et de son roi.

Alcuin était né en 735 dans la province d'York. Élève du célèbre Bède, d'Ælbert et d'Egbert, ses disciples, tous trois eurent la même affection pour Alcuin. Ils lui laissèrent par leurs testaments le grand nombre de volumes qu'ils avaient recueillis dans leurs différents voyages de Gaule et d'Italie.

Embald, ayant succédé à Ælbert dans le siége d'York, envoya Alcuin à Rome en 780 pour demander le pallium au pape Adrien.

La civilisation dont l'action avait été suspendue, reparaît tout à coup avec un éclat nouveau par une explosion subite que les âges précédents avaient préparée... (2).

(1) Madame de Staël, *Allemagne.*
(2) Voir Ampère, *Histoire de la littérature française avant et sous Charlemagne.*

Par les seules lumières et par l'autorité de l'Écriture dans un siècle d'extrême ignorance, l'archevêque de Lyon, Agobard écrivit un ouvrage dans lequel il condamnait les *épreuves* ou *jugements de Dieu.*

Et Charlemagne rendait grâce au *Seigneur de ce qu'il envoyait dans les provinces de France des savants religieux pour jeter dans le cœur des ignorants une semence de science* » (Paroles de Charlemagne à Paul Varnefrid.)

A l'époque la plus sombre de notre histoire, au temps de la barbarie mérovingienne, saint Éloi parlait comme Fénelon, dit Ampère, et voilà qu'Alcuin, au milieu des guerres atroces des Saxons et des Francs, prononce des paroles pleines de douceur et de raison (1). Il ne cessait de recommander et d'écrire à Charlemagne : « qu'il ne devait pas exercer de cruautés envers les Saxons.

(1) Avant saint Éloi et Alcuin, saint Remi écrivait en ces termes à Clovis. Le P. Sirmond met ce titre à la lettre de saint Remi :

« *Epistola hortataria, cum rex ad bellum Gothicum se accingeret.* » (P. Sirmond, *Concil. gall.,* tome I.)

« Nous apprenons par les bruits publics que vous êtes sur le point d'entreprendre une nouvelle guerre ; il n'est point étonnant qu'un prince issu d'aïeux conquérants, veuille leur ressembler. Cependant, un objet plus important devrait vous

On peut être attiré à la foi ; on ne doit pas y être forcé. » Et ailleurs : « Envoyez-leur des missionnaires instruits, désintéressés, prenant les apôtres pour modèles. « *Quomodo potest homo cogi ut cre-*

occuper. La miséricorde du Seigneur s'est manifestée sur vous ; travaillez à ne pas la rendre inutile. L'humanité, dont vous avez donné un exemple éclatant, a commencé l'ouvrage de votre justification ; c'est à la persévérance à le consommer, selon cette maxime populaire : la fin couronne l'œuvre ; n'admettez à vos conseils que des hommes capables d'assurer la gloire de votre règne. Soyez bienfaisant et libéral ; mais sanctifiez ces vertus purement humaines en elles-mêmes, par la droiture et la pureté de vos intentions. Honorez les ministres de nos saints autels, qui sont devenus les vôtres ; ayez souvent recours à leurs lumières ; votre union avec eux fera la tranquillité de votre gouvernement. Soulagez vos sujets ; consolez les affligés ; protégez les veuves ; nourrissez les orphelins, si vous ne pouvez étendre vos soins jusqu'à les instruire vous-même. L'amour et la crainte des peuples seront le double fruit de cette conduite. Que l'équité habite sur vos lèvres et parle par votre bouche. N'exigez rien de l'étranger et du pauvre ; faites encore plus : refusez les présents qu'ils vous offriront ; que votre palais soit ouvert à tout le monde, et que personne n'en sorte mécontent. Rachetez les malheureux qui gémissent dans l'esclavage et dans les fers : c'est le plus noble usage que vous puissiez faire de vos trésors ! Recevez avec bonté et sans acception de personne tous ceux qui se présenteront devant vous. Appelez les jeunes gens à vos jeux et les vieillards à vos délibérations. C'est ainsi que vous serez véritablement un grand homme et un grand roi. »

Traduction par de Foncemagne, Collect., Leber Saigues et Cohen, t. 5, page 22. V. Duchesne, t. 1.

dat quod non credit. Impelli potest homo ad bap-
tismum, non ad fidem. »

Autrefois chez les peuples barbares les vaincus étaient serfs. Charlemagne « affranchit les Saxons en faveur du christianisme. » De là cette maxime jusqu'alors inconnue, souvent violée dans la suite, mais toujours répétée et toujours sensée existante, que tout chrétien est essentiellement libre et que, sous la loi de grâce, il n'y a plus d'esclaves (1).

Alcuin, celui qui servit si efficacement la civilisation française, écrivait encore : « Il ne tient pas à vous ni à moi que nous ne fassions de la France une Athènes chrétienne. » Du Boulay distingue deux espèces d'écoles. Charlemagne renouvela plutôt qu'il n'institua les écoles des monastères, et celles qui se tenaient dans les cloîtres des chanoines et dans les maisons épiscopales, car elles avaient toujours existé. Mais, afin de former des savants de tous états, instruire tous ceux qui voulaient être instruits, enseigner tout ce qui pouvait être enseigné, Charles institua trois grandes écoles ou universités, ainsi nommées, parce qu'on y enseignait (*universa; universis*).

(1) Gaillard.

C'était l'université de Paris vers l'an 790, de Pavie et de Boulogne vers 801.

Il advint en son temps, ainsi que Dieu l'avait ordonné par avance, dit le moine de Saint-Gall, que deux moines d'Écosse arrivèrent en France.

Ils étaient venus avec des marchands de la Grande-Bretagne.

Ces moines étaient grandement savants dans les sciences profanes et dans les divines Ecritures. Ils ne portaient avec eux d'autres marchandises que celle de la science qu'ils désiraient répandre et enseigner au monde.

Ils criaient donc tous les jours au peuple : « Si quelqu'un veut apprendre la sagesse, qu'il vienne à nous. »

Partout où ils allaient, ils agissaient de la sorte, avec une si longue persévérance, qu'on les écoutait d'abord avec étonnement et en s'émerveillant ; puis on finissait par dire : « Ce sont des fous ! ils ont perdu l'esprit. »

La nouvelle en arriva à l'empereur, qui, ayant toujours aimé à s'instruire, manda bien vite ces étrangers. Il leur demanda s'il était vrai qu'ils apportassent avec eux la science et la sagesse.

Ils répondirent qu'ils les avaient et qu'ils étaient

prêts à les donner et à les apprendre à tous ceux qui les requerraient.

L'empereur leur demanda encore quel salaire ils voulaient,

« Nous ne voulons rien qu'un lieu convenable pour enseigner, des âmes désireuses d'apprendre et nettes de péchés ; quant à nous, de quoi soutenir nos corps par la nourriture, sans laquelle nul ne peut vivre en cette vie mortelle. »

Quand l'empereur entendit la réponse de ces deux moines, il éprouva une grande joie.

Il les garda auprès de lui.

Et lorsqu'il partit pour faire la guerre à l'étranger, il commanda que l'un de ces moines, nommé Clément, resterait à Paris. Il fit amener près de lui les fils des nobles, ceux d'une condition moyenne et ceux des classes les plus basses.

Il fit construire pour eux des écoles convenables, ordonna qu'après les avoir instruits, on ferait entrer les élèves dans le métier qu'ils auraient choisi.

Il veillait attentivement sur les progrès des jeunes écoliers, et avec leurs maîtres, il examinait leurs compositions.

Un jour, les enfants du peuple, qu'il faisait instruire avec la jeune noblesse, obtinrent sur celle-ci un avantage très-marqué. Charlemagne jura devant eux que les grâces, les faveurs et les abbayes appartiendraient à ceux que leurs talents en rendraient dignes, et non à ceux qui n'auraient pour eux que les mérites de leurs ancêtres.

Augustin, le second des religieux écossais, fut envoyé en Lombardie en l'abbaye de Saint-Augustin à Pavie, afin que tous ceux qui voudraient apprendre la science et la sagesse allassent à lui.

L'ardeur pour la reproduction des anciens manuscrits devint générale dans les monastères, et quoique le zèle s'appliquât surtout à la littérature sacrée, la littérature profane n'y demeura pas étrangère. Alcuin lui-même revit et copia les comédies de Térence qu'il cite souvent ainsi qu'Ovide, Horace et Cicéron.

Voici en quels termes Alcuin rend compte à Charlemagne de ce qu'il fait pour la prospérité de l'école de Tours :

« Moi, votre Flaccus, selon votre exhortation et votre sage volonté, je m'applique à servir aux uns sous le toit de saint Martin, le miel des saintes Écritures ; j'essaye d'enivrer les autres du vieux vin des anciennes études; je nourris ceux-ci des fruits de la science grammaticale ; je tente de faire briller aux yeux de ceux-là l'ordre des astres ; mais il me manque en partie les plus excellents livres de l'érudition scolastique que je m'étais procurés dans ma patrie, soit par les soins dévoués de mon maître, soit par mon propre travail ; je demande donc à votre excellence qu'il plaise à votre sagesse de permettre que j'envoie quelques-uns de nos serviteurs, afin qu'ils rapportent en France les fleurs de la Bretagne. »

« L'Angleterre était à la fin du huitième siècle le pays le plus cultivé de l'Europe, dit Ampère. Cette culture avait deux sources, d'abord la vieille Église d'Irlande, dont les monastères étaient célèbres vers le cinquième siècle, et dont les plus antiques origines se rattachaient à l'Église grecque ; ensuite l'Église saxonne, romaine d'origine, et créée par le pape Grégoire le Grand.

« L'Église anglo-saxonne elle-même, en vertu de cette destinée qui place la Grèce au berceau de toute civilisation, avait eu pour fondateur un Grec, un homme de Tarse, un compatriote de saint Paul, nommé Théodore (1), qui était venu de Rome en Angleterre, et y avait apporté certains livres grecs, entre autres Homère et Josèphe.

(1) S. Théodore, archevêque de Cantorbéry, en 668, né en 602 à Tarse (Cilicie), mort en 690,

« Du sein de l'Église anglo-saxonne sortirent le célèbre Bède, à la fois théologien, dialecticien, astronome ; Egbert, son disciple ; Ælbert, disciple d'Egbert et maître d'Alcuin ; enfin Alcuin lui-même, qui fut le Bède de la Gaule. »

La copie des manuscrits excitait particulièrement la sollicitude de ceux qui s'appliquaient à faire revivre les lettres.

Dans l'école de Tours, il y avait une salle destinée à cet objet, et dans cette salle étaient placés des vers d'Alcuin, qui invitaient les copistes à la plus minutieuse exactitude, à ne pas mettre un mot pour un autre ; à ponctuer avec soin.

La copie des manuscrits jouait alors le rôle de l'imprimerie et, de même qu'à la naissance les soins donnés aux premières éditions des chefs-d'œuvre de l'antiquité, à la correction et à l'exactitude des textes, ont rendu aux lettres un immense service, de même, au neuvième siècle, cette philologie des manuscrits a été précieuse, et le soin si minutieux, que des hommes comme Alcuin ont pris de les transmettre et de les conserver dans leur intégrité, est digne de nos respects.

La portion élémentaire des études comprenait la grammaire, la rhétorique et la dialectique. Les classes supérieures embrassaient l'arithmétique et l'astronomie. La philosophie aboutissait à la théologie.

« La philosophie était considérée comme une préparation, comme une initiation graduelle à la vérité religieuse. Le moyen âge a adopté l'école antique. Seulement il l'a mise à l'ombre de la croix.

« Cette marche de l'enseignement est aussi celle que suit le Dante dans la *Divine comédie*. Virgile, qui personnifie la science humaine conduit le poëte toscan à travers tous les degrés de l'enfer et du purgatoire, où sont représentées les affections de la vie terrestre, et Béatrix, symbole de la science théologique, l'élève aux régions supérieures de la contemplation divine (1). »

« Tout passe, disait Alcuin, mais la science, immortelle comme l'âme, demeure. »

Un des élèves d'Alcuin, Ludger, fut choisi par Charles pour s'occuper de la conversion des Frisons orientaux.

Le fils du prince des Frisons, nommé Landeric, fut converti par lui et devint plus tard le chef de l'école des Frisons et le plus ferme appui de cette

(1) Voir *Histoire de la littérature française avant et sous Charlemagne.* (Ampère.)

chrétienté, tant par son zèle que par le crédit que lui donnait sa naissance.

Bientôt les envoyés royaux, *missi dominici*, purent constater les changements qui s'étaient opérés chez ces peuples. Ces envoyés du roi dans les provinces étaient des personnes constituées en dignité ecclésiastique ou séculière, choisies dans l'assemblée générale de la nation.

Ils devaient tenir leurs plaids ou assemblées générales dans les mois de janvier, avril, juillet, octobre, pour laisser aux comtes la liberté de tenir les leurs dans les autres mois de l'année. Les fonctions de ces commissaires extraordinaires étaient de réformer, conformément aux instructions qu'ils avaient reçues avant leur départ, les abus qui se commettaient dans l'administration de la justice, de punir la négligence des juges tant ecclésiastiques que séculiers, suppléer à leur défaut et juger les procès qu'ils n'avaient pu examiner, recevoir les plaintes des particuliers, visiter les monastères, soutenir les pauvres contre l'oppression des grands, rechercher les droits royaux et rendre enfin eux-mêmes la justice dans les assemblées générales qu'ils avaient soin de convoquer et qu'on appelait *conventus*.

Le roi suivait attentivement les rapports qui

lui étaient adressés, aussi désira-t-il vivement voir Ludger. « Sa science et sa sainteté étaient en grande vénération chez les Frisons. »

Ce peuple servait le roi Charles avec une grande fidélité. Il s'était soulevé souvent contre les Français. « Mais, ayant accepté la vraie religion, ils servirent le roi avec une telle vertu, lui témoignant tant de fidélité dans plusieurs guerres, qu'il leur donna comme vraiment gracieux et grand prince qu'il était, tant et de si grands priviléges, qu'ils devinrent comme libres. Ce peuple laborieux, diligent, de grand trafic, imitant soudainement tout ce qu'ils voyaient, ce qui a été remarqué par Jules César, ayant introduit dans leur pays les arts étrangers, faisant même les draps de soie du Levant, tapisseries admirables, sayes, ostades, draps de plusieurs sortes dont ils portèrent l'art en Angleterre ainsi que l'art de la teinture. Alphonse, roi de Castille, les avait en grande estime, et particulièrement leurs draps d'Ypres (1). »

Le roi désira voir Ludger et le manda à sa cour (2). Charlemagne envoya trois fois pour le

(1) Guicciardini.

(2) Quare nostrum mandatum sic difficile accepisti, Episcope, ut tot accersitus nuntiis, statim venire despiceres ? Quia, inquit, Deum et tibi, ô Rex, et cunctis hominibus præ-

presser de venir auprès de lui. Arrivé à l'audience le roi dit avec émotion : « Évêque, d'où vient ce peu d'égard à mes ordres? Pourquoi m'obliger à vous envoyer tant de messages?

« — Prince, c'est que j'ai cru devoir préférer Dieu à vous et à tous les hommes. N'est-ce pas ce que vous-même avez entendu que je fisse lorsque vous me donnâtes mon évêché ?

« — Je vous remercie, évêque, car je vous trouve tel que je vous croyais, » répondit l'empereur avec vénération...

Ils s'entretinrent des écoles à établir dans la Frise, car ils tenaient les lettres en grand honneur (1).

Dans le palais était établi une école qui nous paraît une véritable académie sur le modèle de laquelle les académies postérieures ont été formées.

Tous les membres de cette académie, afin d'é-

ponendum arbitrabar : hoc enim ipse mihi præcepisti, curam episcopalem committens...

Quod responsum ejus Imperator optimus veneratus, gratias, ait, habeto, Episcope, quia talem te modo reperio, qualem antea estimabam... (Werthinensi monacho, sæculo IX.)

(1) Charlemagne s'occupait toujours de l'étude des lettres, et avec un soin particulier il cherchait à épurer le texte de l'Écriture sainte, et s'en occupait même avec des Juifs et des Syriens, gens instruits. — On conserve à Rome, dans la

viter la gène que les titres auraient pu mettre dans les discussions littéraires, prirent tous un nom de l'antiquité, jusqu'aux princesses, filles, nièces et parentes de Charlemagne. Il fut décidé que ces noms seraient aussi employés dans les correspondances intimes.

Charlemagne choisit pour lui le nom de David.

Alcuin, président de l'académie, reçut celui d'Horatius Flaccus.

Adalard, petit-fils de Charles-Martel, à cause de son éloquence, fut nommé Augustin.

Angilbert, poëte, le plus aimable des seigneurs de la cour, reçut le nom d'Homère.

Buckfuld, archevêque de Trèves, auquel on reprochait quelquefois de donner trop de temps à la lecture de Virgile, quoiqu'il ne cessàt d'animer son clergé à la recherche des connaissances qui lui étaient convenables, prit pour lui le nom de Damétas.

bibliothèque des oratoriens, un exemplaire de la Bible ainsi revue par Charlemagne. Baronnius prétend que cet exemplaire a beaucoup servi pour la dernière collection de la Vulgate. Lambécius, le savant historiographe et bibliothécaire de l'empereur Léopold Ier, dit que de son temps on conservait dans la bibliothèque de l'empereur une explication manuscrite de l'épître aux Romains, corrigée de la main de Charlemagne.

V. Gaillard, t. III, p. 214.

V. Lamb., Bibliot., t. II, ch. v.

Théodulfe reçut celui de Pindare.

Éginhard prit celui de Calliopeus.

La princesse Gundrade fut Eulalie.

La princesse Gisla, Lucia.

La princesse Rotrude, Colomba.

Les trois fils de Charlemagne : Louis, roi d'A-quitaine ; Pépin, roi d'Italie, vainqueur des Huns ; Charles, roi de Bourgogne, qui avait été chargé de la guerre de Bohême, étaient des auditeurs as-sidus lorsqu'ils étaient à la cour de leur père.

C'est en parlant de ce prince que les *Annales de Moissac* disent :

« Ce prince tua de sa main les ducs souverains de la Bohême.

« Les rois mouraient alors de la main des rois dans les batailles, comme si tous les combattants leur eussent fait place pour qu'ils se battissent en duel.»

Quant à Charlemagne, le plus zélé des élèves d'Alcuin, il avait étudié la grammaire sous le diacre Pierre de Pise, qu'il avait attaché à sa cour en qualité de maître de grammaire. Pierre composait des vers et des énigmes qu'il donnait à deviner au roi et à Paul Varnefrid. Quelquefois Paul recevait le soir des lettres de Charlemagne, et il se trouvait le lendemain au palais ; c'était souvent pour résoudre des difficultés littéraires.

Ayant de son côté du goût pour les énigmes, l'empereur en proposait aux membres de son académie et en particulier à Paul.

Dans une lettre de Charlemagne à Paul Varnefrid, il s'exprime en ces termes (1) :

« En grec, lui dit-il, vous êtes un Homère ; en latin, vous êtes un Virgile ; en hébreu, vous êtes un Philon ; dans les arts, vous êtes un Tertulle ; vous représentez Horace par vos odes, et Tibulle par la douceur de votre langage. Votre manière d'agir nous persuade que vous nous êtes vivement attaché, et que vous n'êtes point porté à retourner dans votre ancienne retraite. Nuit et jour vous vous occupez à m'enrichir l'esprit de littérature, tant latine que grecque. Cette application, si louable, me fait croire que vous resterez avec moi ; et qui pourrait douter que les liens qui vous attachent à ma personne ne soient indissolubles ? Nous espérons, en voyant la manière dont vous enseignez les lettres grecques, que vous inspirerez aussi à nos savants le goût pour la langue hébraïque. Nous vous faisons de grands remerciements de ce que vous entreprenez de former, dans la

(1) Voir *Discours sur l'état des sciences dans l'étendue de la monarchie française sous Charlemagne,* par J. Lebeuf, de l'Académie des inscriptions et belles-lettres.

science du grec ceux que nous vous avons confiés.
C'est une gloire, pour nos États, que nous n'avions pas lieu d'espérer. Vous n'ignorez pas que,
par la grâce de Dieu, notre fille se dispose à passer les mers(1) dans la compagnie de l'ambassadeur Michel, pour être impératrice. C'est pour cette
raison que nous voulons que nos clercs apprennent
de vous la grammaire grecque, afin qu'ils puissent
la suivre dans le voyage, et qu'ils paraissent un
peu formés dans la langue du pays où ils iront. »

Les discussions scientifiques et les questions
littéraires ne nuisaient pas au goût très-vif que
les seigneurs de la cour de Charlemagne avaient
pour la chasse. « Car la nation française, selon
Éginhard, avait une supériorité sur les autres
peuples dans l'art de la chasse (2). »

(1) Les annales du temps rapportées par Duchesne, t. 2,
p. 22, marquent que Rotrude, fille de Charlemagne, fut
fiancée à Rome à l'empereur Constantin, l'an 781. Eginhard
en dit un mot dans sa *Vie de Charlemagne*. Théophane
parle dans sa *Chronologie* de la douleur qu'éprouva Constantin d'en épouser une autre ; car il aimait Rotrude.

(2) Les seigneurs qui entouraient le roi, dit Éginhard,
quittaient, en revenant dans leurs foyers, l'armure, le casque,
les manches de mailles de fer en forme de brassard, les cuissards de lames de fer et les bottes de même métal qui formaient l'équipement en temps de guerre. Ils portaient alors,
dit le moine de Saint-Gall, des chaussures dorées en dehors,
soutenues par de longues courroies ; l'étoffe qui couvrait

Le roi, accompagné de ses fils, de ses filles, d'une nombreuse suite de dames, de seigneurs, de gens à pied et à cheval, poursuivait la chasse qui était alors un apprentissage de valeur très-périlleux.

La première chasse permise à la jeunesse était celle de l'urus. L'urus était le plus féroce et le plus redoutable des animaux que l'on rencontrait alors dans les forêts de la France. « L'urus, dit Cé-

leurs jambes et leurs cuisses, était entourée de bandelettes qui se croisaient, quoique de même couleur que l'étoffe qu'elles entouraient, les bandelettes étaient d'un travail plus recherché. Les Francs portaient une veste ; à leur ceinture était attachée une épée placée dans son fourreau, fixée par des courroies d'une étoffe très-blanche et très-luisante. Leur manteau était de forme carrée doublé de blanc ou de bleu. Ils tenaient souvent à la main un bâton de promenade, dont les nœuds étaient à égale distance, et on y voyait des ornements d'or ou d'argent ciselés.

Les seigneurs arrivant de Pavie, où les Vénitiens apportaient les richesses d'Orient, ornaient ces vêtements communs à tous les Français avec des peaux d'oiseaux de Phénicie entourées de soie. Ils employaient aussi à cet usage les plumes du dos et du cou du paon, et de cet oiseau de mer qui le dispute en blancheur à l'hermine. Leurs manteaux étaient ornés de franges de cèdres.

Quant à Charlemagne, hors les jours d'apparat, il dédaignait le faste et, dans l'ordinaire, il portait les vêtements de sa patrie.

« Foux que vous êtes, dit-il un jour aux seigneurs qui l'avaient accompagné à la chasse vêtus de leurs riches vêtements. Comparez votre luxe à ma simplicité : mon habit me

sar (1), est une sorte de taureau sauvage, moindre que l'éléphant, mais d'une force et d'une agilité incroyable. Il n'épargne ni les hommes, ni les animaux qui ont assez de hardiesse pour se présenter devant lui. Aussi cette chasse est-elle un des exercices auxquels est appliquée la jeunesse gauloise.

« Ceux d'entre les Gaulois qui en ont tué un plus grand nombre et qui peuvent montrer les trophées de leurs victoires, reçoivent pour prix une considération particulière. »

Le roi, dit la chronique, était le plus tendre des pères et le plus affectionné des amis. Il cherchait à ne jamais se séparer de ses enfants, qui

couvre et me défend ; si le mauvais temps le gâte, il m'en coûte peu, tandis que, pour vous, le moindre accident vous coûte une forte somme. » (Moine de Saint-Gall.)

Les parties de chasse, les exercices militaires, les repas superbes se donnaient à la cour et chez les seigneurs. (Éginhard et Moine de Saint-Gall.) En de tels jours, dit Tégan, l'empereur paraissait vêtu d'habits riches et précieux, ayant à la main un sceptre d'or, sur la tête une couronne de diamants. Les ambassadeurs de Nicéphore et du calife des Perses venus en ambassade près de Charles le Grand, dans l'admiration où les jetaient l'éclat et la somptuosité des habillements de l'empereur et de toute sa cour, s'écrièrent : *Prius terreos tantum homines vidimus, nunc autem aureos.* (Tégan.)

(1) Commentaires de César, liv. VI.

partageaient ses études, ses repas, ses plaisirs.

Les filles de Charlemagne, dit *la Chronique de Saint-Denis*, étaient belles et grandement aimées : « c'était une merveille que Charles n'en voulût marier aucune à un prince étranger, mais il disait qu'il ne pouvait vivre sans elles. »

Angilbert, surnommé Homère, poëte, ambassadeur, historien, épousa, en 787, Berthe, fille du roi (1).

Vers 791, avec le consentement de Berthe, il se retira à Centulon (Saint-Riquier).

« Sans doute, on peut rencontrer de grands défauts, dirons-nous avec Mme de Staël, dans le caractère de ceux dont la doctrine est la plus pure; mais est-ce à leur doctrine qu'il faut s'en prendre? On rend à la religion un singulier hommage, par l'exigence qu'on manifeste envers tous les hommes religieux, du moment où on les sait tels. On les trouve inconséquents s'ils ont des torts et des faiblesses, et cependant rien ne peut changer en entier la condition humaine. »

Souffrez qu'un homme fatigué se repose, di-

______

(1) Berthe et Angilbert eurent pour fils Harnidum et Nithard l'historien.

sait Alcuin au roi (1), et qu'affectionnés à l'étude des sciences divines et humaines, nous allions à travers les champs fertiles des pères, cueillir des fleurs, et en nous occupant du bien des âmes et des pauvres, composer pour notre tête, c'est-à-dire Jésus-Christ, la couronne de vérité. A ton départ, écrivait Alcuin à Angilbert, j'ai tenté plusieurs fois de me réfugier dans le port du repos, mais le roi de toutes choses, le maître des âmes, ne m'a pas accordé ce que depuis longtemps il m'a fait vouloir. « Il y a dans l'esprit humain deux tendances aussi distinctes que la gravitation et l'impulsion dans le monde physique. C'est l'idée d'une décadence et celle d'un perfectionnement. On dirait que nous éprouvons tout à la fois le regret de quelque bien qui nous était accordé gratuitement, et l'espérance de quelque bien que nous pouvons acquérir par nos efforts, de manière que la doctrine de la perfectibilité et celle de l'âge d'or réunies et confondues, excitent tout à la fois dans l'homme le chagrin d'avoir perdu et l'émulation de recouvrer (2). »

(1) En 796, Alcuin écrivait à peu près dans les mêmes termes à un archevêque dont le nom est inconnu. Alc., *Epist.* 168 et 21.

(2) Mme de Staël.

Je désire ardemment déposer le fardeau des affaires, disait Alcuin, et ne plus servir que Dieu seul.

« Tout homme a besoin de se préparer avec vigilance à la rencontre de Dieu. »

CHAPITRE XIX

Les mœurs du Clergé, changées et détruites sous Charles-Martel, et devenues toutes militaires, sont réformées sous Charlemagne.

Lorsque, vers l'an 800, Charlemagne décidait son voyage de Rome, il voulut être accompagné d'Alcuin à qui il écrivit :

« C'est une honte de préférer les toits enfumés de Tours aux palais dorés des Romains.

« Je ne crois pas que mon corps frêle et brisé par les douleurs quotidiennes, puisse supporter ce voyage. — Je l'aurais désiré si je l'avais pu, répondit Alcuin. Comment me contraindre à combattre de nouveau et à soutenir le poids des armes, moi que mes infirmités laissent à peine en état de les soulever de terre. Je vous supplie de me laisser achever ma carrière auprès de Saint-Martin (1). Toute l'énergie de mon corps s'est évanouie.

« Au matin de ma vie, j'ai semé dans la Bretagne les germes de la science; maintenant, sur le soir, et bien que mon sang soit refroidi, je ne cesse pas de les semer en France et j'espère qu'avec la grâce de Dieu ils prospéreront dans l'un et l'autre pays (2). »

Il n'était point de pays où les guerriers fussent plus braves et meilleurs chrétiens qu'en France. Mais l'incompatibilité des devoirs du soldat et du prêtre se faisant sentir par les abus fréquents qui

---

(1) Alcuin ayant sollicité avec instance la permission de se retirer dans la retraite d'un monastère, « ce grand philosophe, maître en toutes sciences, orné de mœurs si pures et de si grandes vertus, reçut du roi l'abbaye de Saint-Martin. » (Moine de Saint-Gall.)

Trois choses occupèrent principalement Alcuin : corriger les manuscrits et retrouver les monuments de l'ancienne littérature; restaurer les écoles et enseigner lui-même.

(2) Alc., *Epist.* 38. Sur deux cent trente lettres d'Alcuin, qui ont été conservées, trente sont adressées à Charlemagne; dans deux de ces lettres, il le félicite de ses victoires sur les Huns, lui recommande la clémence à leur égard, et lui donne des conseils sur la manière dont il faut procéder à leur conversion. Dans une autre, il envoie à Charlemagne des conseils sur les testaments, les successions et plusieurs autres sujets.

en résultaient, les guerriers et les prêtres demandèrent une réforme reconnue nécessaire

En 803, le clergé et le peuple français adressèrent cette demande à Charlemagne :

« Nous supplions à genoux Votre Majesté que les Évêques soient désormais dispensés d'aller à l'armée. Quand nous marcherons contre l'ennemi, qu'ils restent dans leurs diocèses, occupés de leur sacré ministère. Ils nous aideront plus par leurs prières que par leur épée; levant leurs yeux au ciel à l'exemple de Moïse.

« Nous ne voulons point permettre qu'ils viennent avec nous et nous demandons la même chose à l'égard des autres prêtres. Nous ne faisons point cette demande dans le dessein de profiter des biens ecclésiastiques.

« Nous protestons que nous ne voulons pas les usurper ni vouloir qu'on les usurpe (1). »

Les institutions, même les meilleures, sont sujettes aux abus et aux perfectionnements. C'est une grande erreur et un grand danger pour les peuples et pour les gouvernements de vouloir le

______

(1) En parlant ainsi, les seigneurs français déclarent qu'ils tiennent des pailles dans leur main droite, et qu'ils les jettent à terre. C'était une cérémonie du temps qui marquait qu'on renonçait à toute prétention sur un bien.

méconnaître et de s'en prendre aux institutions lorsque ce ne sont que les abus que, de part et d'autre, il faudrait vouloir détruire.

Dans l'administration de son vaste empire, Charlemagne ne prétendait pas à l'infaillibilité, il répondit par une ordonnance commençant en ces termes :

« Voulant nous corriger nous-même et donner cet exemple à nos successeurs : *Nosmetipsos corrigentes, posterisque nostris exemplum dantes*, nous ordonnons qu'aucun prêtre n'aille à l'armée, excepté ceux qui seront nécessaires pour dire la messe et pour administrer les secours spirituels. Le port et l'usage des armes est interdit aux prêtres. Ils n'iront point aux combats et ne répandront pas de sang, mais enverront leurs vassaux bien armés avec nous ou à nos ordres.

« Loin de vouloir diminuer par cette défense la dignité des évêques et les biens des églises, les évêques seront d'autant plus honorés et leurs biens d'autant plus respectés, que le clergé se bornera plus scrupuleusement aux fonctions de son ministère. »

Au commencement du carême de l'an 800, le roi Charlemagne quitta Aix-la-Chapelle où il avait passé l'hiver.

« Là, dit un poëte du temps, une seconde Rome refleurissant élevait dans les airs une masse imposante. Là, le pieux et auguste Charles, du haut des murs de son palais, semble toucher les astres ! Il dirige les travaux, marque leur emplacement et préside à la construction des magnifiques remparts d'une Rome nouvelle. »

Le roi s'avança vers les côtes britanniques, fit équiper une flotte pour donner la chasse aux pirates normands qui commençaient pour la première fois à infester les Gaules.

Après avoir célébré la fête de Pâques à Saint-Riquier, dont Angilbert était abbé, s'être rendu à Rouen, au Mans et à Tours, il arriva à Rome le 24 novembre.

Le pape fut au-devant de lui jusqu'à Nomento.

CHAPITRE XX

L'empire d'Occident.

Le jour de Noël, Charlemagne vint assister à la messe dans l'Eglise du prince des Apôtres, il achevait sa prière devant le tombeau de saint Pierre : le pape s'avança vers lui et plaça la couronne impériale sur sa tête, pendant que le peuple l'acclamait en s'écriant : « A Charles Auguste, couronné de la main de Dieu grand et magnifique empereur des Romains. Vie et victoire ! » Ce qui fut répété par trois fois, et le pape lui donna l'onction sainte.

« Charles, dit Eginhard, ne s'attendait point à cet événement, et au retour de la cérémonie, il protesta que, s'il avait pu prévoir ce que le pape et le peuple romain voulaient faire, il se serait abstenu, malgré la solennité de la fête, de se rendre à Saint-Pierre.

« Charlemagne était substitué à la grandeur des Césars, avec le mérite d'en être le restaurateur, et le mérite même d'en avoir été le vengeur : en effet, Charlemagne, par ses conquêtes sur les Saxons et sur les autres peuples germaniques, avait vengé l'Empire romain des nations barbares qui l'avaient détruit quatre siècles auparavant, et il est peut-être assez remarquable que ce second empire romain ait, dans la suite, établi son siége au milieu des contrées habitées par les barbares, qui avaient détruit le premier Empire romain. »

Mézeray croit que le mécontentement de Charlemagne pouvait être réel, parce qu'on lui faisait tenir, de l'élection des Romains, ce qu'il ne tenait que de son épée.

« Il ne tenait que de son épée la réalité du pouvoir, poursuit l'académicien Gaillard, mais il était flatteur pour lui de tenir du choix libre du peuple romain, un titre que n'avaient eu ni les rois lombards, ni les autres souverains vaincus par Charlemagne. »

Le pape Léon III avait ainsi rétabli l'empire d'Occident ;

L'Université du peuple chrétien le demandant : *Universo christiano populo petente;*

Et afin que l'empereur fût le défenseur armé de l'Eglise romaine et de la chrétienté tout entière.

« Ce qui est nécessaire existe, » dit saint Thomas, et la royauté du chef de l'Eglise, « sortie comme un fait nécessaire, logique et providentiel de la nouvelle condition religieuse et politique du monde, est la seule qui ne doit rien au sort des batailles, qui n'a coûté ni une goutte de sang ni une larme aux peuples, la seule qui puisse rappeler son origine sans rougir (1). »

Alcuin, le prince des savants, et Angilbert (Homère) nous ont laissé, dans un récit en vers latins, les détails des entrevues solennelles qui eurent lieu entre celui qui était le père de l'Europe, ainsi nomment-ils Charlemagne, et celui qui était le pasteur de l'univers, ainsi nomment-ils Léon III.

(1) P. Ventura, *Essai sur le pouvoir public.*

L'Europe était devenue un seul empire, une seule foi unissait les peuples.

Par la soumission des Saxons de 772 à 803, de la Bavière, 787, des Avares, 796, Charlemagne voyait réunie, sous sa domination et son influence, toute l'Europe.

Le cours de la Sala, depuis sa source, faisait la séparation entre les terres de l'empire et le pays des Sorabes ; les montagnes de la Bohême, les rivières de la Teya et de Morawa bornaient l'empire. Ensuite ses limites suivaient le cours du Danube jusqu'à l'embouchure du Timok vers les frontières de la Bulgarie.

Pampelune , Saragosse , Barcelone étaient soumises à Charles. Alphonse, roi de Galice et des Asturies, par ses lettres et par ses ambassadeurs, le nommait son seigneur.

Les rois d'Écosse se disaient ses sujets et ses serviteurs (*servos*).

L'Angleterre lui donnait des preuves de sa déférence.

Eardulfe, roi des Northumbres, étant chassé de son trône, la protection de Charlemagne le rétablissait dans ses États (1).

Le renouvellement de l'empire d'Occident est

____

(1) Voir de Belley et de Foncemagne.

aussi une époque importante dans l'histoire de l'indépendance de la république de Venise.

Par le traité fait en 803 entre Charlemagne et Nicéphore, il fut stipulé que Venise serait libre sous le gouvernement de ses ducs.

L'empire d'Occident eut à se défendre à la fois contre les Danois ou Normands, les Grecs et les Sarrasins.

« Si les Normands osent attaquer un si puissant empire réuni dans une main qui peut-être n'est pas faible, que n'oseront-ils pas contre un empire affaibli comme il le sera par des partages et par des divisions? » disait Charlemagne.

Il fit un testament qui réglait le partage de ses États entre ses fils.

Charles, l'aîné, devait avoir l'empire et la France.

Pépin était roi d'Italie et devait veiller sur l'empire grec et en arrêter les entreprises.

« Nicéphore croyait quelquefois avoir acheté la paix trop cher en reconnaissant Charlemagne et l'empire d'Occident; il était toujours prêt à entrer en guerre avec les Français; et dans le même temps où le connétable Bouchard battit la flotte des Sarrasins dans la Méditerranée aux environs de l'île de Corse, le patrice Nicetas croisait avec une flotte grecque dans le golfe de Venise, disposé à seconder les Sarrasins s'ils avaient été plus heureux. »

Le roi Louis d'Aquitaine avait aussi dans son partage la Marche d'Espagne, et devait s'opposer aux Sarrasins. Par la vingtième et dernière clause de son testament, Charlemagne réserve pour lui-même toute l'autorité jusqu'à sa mort.

Le 8 juillet 810, Pépin, roi d'Italie, mourut à trente-trois ans.

Le 4 décembre 811, le prince Charles mourut à trente-cinq ans.

Gisèle et Rotrude moururent à peu près dans le même temps.

A la mort de ses enfants, Charlemagne paraissait succomber sous le poids de sa douleur.

Lorsqu'il apprit aussi la mort du pape Adrien, dit *la Chronique de Saint-Denis*, Charlemagne avait pleuré cet ami dévoué comme s'il eût perdu un frère et le plus cher de ses enfants ; car ce prince, qui différait en tout des autres rois, était vraiment fait pour les liens de l'amitié ; il les formait avec facilité, les gardait avec constance, veillait avec un soin religieux et tendre sur ceux auxquels l'attachaient des liens de cette nature.

En s'occupant sans cesse de ceux qu'il avait

perdus (1), car il n'est pas vrai que la religion ré-
trécisse l'esprit et les sentiments du cœur, Charlemagne n'oubliait pas son peuple, et plus que
jamais il s'occupa de la manière dont Louis, son
successeur, administrait les Etats qui lui étaient
confiés. Mandant ce prince à Aix-la-Chapelle, et
devant l'assemblée des grands et des prélats, dans
cette magnifique basilique dont il avait dressé

(1) Charlemagne, écrivant au sujet de la mort du pape
Adrien à Offa, roi des Merciens, lui dit :

« Que, s'il fait des aumônes et ordonne en tout son empire des prières pour le repos de l'âme du pape Adrien, ce
n'est pas qu'il doute qu'il ne soit déjà dans la gloire; mais
parce qu'il était bien aise de faire connaître à tout l'univers
jusqu'où il portait l'attachement pour ce saint pape. »

Et Alcuin écrivait en ces termes à Charlemagne (Alc., *Op.
Ep.* 101, page 150, v. Ampère) : « Chaque jour avec un désir
ardent et une oreille qui dévorait les paroles de tous ceux
qui arrivaient, j'ai attendu des nouvelles de mon très-cher
seigneur et ami David.

« ...Enfin, bien tardive a retenti la voix de ceux qui s'é-
criaient : « Bientôt, bientôt il va venir; déjà il a franchi les
« Alpes ! celui dont tu désires la vue avec tant d'ardeur ! »
Et moi, d'une voix émue, je me suis écrié à plusieurs reprises :
O Seigneur ! pourquoi ne me donnes-tu pas l'essor de l'aigle ?
pourquoi ne m'enlèves-tu pas comme le prophète Habacuc,
pour un jour ou pour une heure du moins, afin que je puisse
embrasser et baiser les pieds de mon ami très-cher; afin que
je le voie, celui qui est pour moi préférable à tout ce que renferme le monde, afin que je contemple ses yeux perçants
et que j'entende de sa bouche des paroles amies. »

les plans lui-même, Charles recommanda à Louis ses sœurs, les enfants de ses frères, ses sujets surtout, et lui fit jurer d'être leur père. Puis, s'adressant aux évêques et aux grands assemblés, il leur demanda s'ils voulaient bien qu'il donnât à son fils le titre d'empereur.

Charlemagne et Louis se séparèrent après le couronnement. Il fut remarqué que leurs embrassements furent mêlés de beaucoup de larmes, lorsqu'ils se dirent un adieu qui devait être le dernier.

En quelque abondance qu'on soit, la vie ne consiste pas en ce que l'on possède, puisque nous ne l'avons que par emprunt; ces princes semblaient prévoir, en se séparant, que c'était pour la dernière fois.

De plus en plus occupé, disent les annales, de l'obligation qu'ont tous les chrétiens de secourir ceux qui souffrent et de donner aux pauvres pour l'amour de Dieu, Charlemagne envoyait parmi son empire, avec d'abondantes aumônes, ses messagers et ses grands conseillers pour visiter ses bonnes villes, s'informer du gouvernement de son fils et faire rendre justice et raison à chacun. Louis tenait l'assemblée générale d'Aquitaine lorsqu'arrivèrent auprès de lui les seigneurs, puis les évêques chargés de lui apprendre la mort de l'empereur son père (1).

Louis partit cinq jours après pour Aix-la-Chapelle, où il arriva dans un mois.

« Il y reçut grand accueil » et fut reconnu de nouveau empereur et successeur de Charlemagne dans une diète générale dans laquelle il reçut le serment de fidélité de toutes les provinces de l'empire.

Les hommes libres à qui l'entrée dans la milice, dans la judicature et dans les assemblées de

(1) Charlemagne mourut le 28 janvier 814. Il fut enterré à Aix-la-Chapelle dans l'église qu'il avait bâtie.

Son corps, disent Eginhard et le moine d'Angoulême, fut embaumé et mis sous une voûte, assis sur un siége d'or, revêtu des habits impériaux ; sous ces vêtements, on lui avait laissé le cilice qu'il portait ordinairement ; à son côté était une épée dont le pommeau et la garniture du fourreau étaient d'or, et une bourse de pèlerin qu'il avait coutume de porter lorsqu'il allait à Rome. Il tenait entre ses mains le livre des Évangiles écrit en lettres d'or. Sa tête était ornée d'une chaîne d'or en forme de diadème, dans laquelle était enchâssée une portion de la vraie croix, et son visage était couvert d'un suaire. Son sceptre et son bouclier, qui étaient en or massif et avaient été bénis par le pape Léon III, furent suspendus devant lui.

Son sépulcre fut scellé, et Eginhard rapporte ainsi l'inscription qui fut placée au-dessus :

« *Sub hoc conditorio situm est corpus Karoli Magni atque orthodoxi Imperatoris, qui regnum Francorum nobiliter ampliavit, et per annos XLVII, feliciter rexit...* »

12

la nation était ouverte, indépendants de tout autre que du roi et de ses officiers, se maintiennent dans tous leurs droits jusque sur le déclin de la seconde race.

Les Français avaient été ramenés aux anciens principes de gouvernement qu'ils avaient apportés de Germanie. Mais le Champ-de-Mai qui possédait la puissance législative, ne la possédait que d'une manière précaire, l'empereur ayant retenu en ses mains toute la puissance exécutrice.

L'ignorance et les vices des Français n'ayant pas permis de faire davantage, ce qui devenait un danger pour la liberté et pour le successeur de Charlemagne.

« Charlemagne ne s'était pas flatté, dit l'abbé de Mably, de porter à la perfection l'ouvrage dont il jetait les fondements (1). »

En partageant l'autorité, en associant tous les citoyens au gouvernement, il ne voulut les distraire que de leurs intérêts personnels.

« Des peuples qui jusqu'alors ne s'étaient fait connaître que par leur humeur guerrière et par leurs dissensions civiles, parurent pour ainsi dire jaloux des vertus de leur souverain, cherchèrent

(1) Voir abbé de Mably, *Remarques et Preuves* (Observations sur l'histoire de France).

à marcher sur ses pas, à être vertueux eux-mêmes
et à se familiariser avec les qualités du cœur (1). »

Charlemagne comptait sur la rivalité du clergé,
de la noblesse et du peuple pour tenir ces trois
ordres de l'État en équilibre. Il espérait que, se
gênant et s'observant mutuellement, ils pour-
raient arriver à la fois à se craindre, à se respec-
ter, à avoir moins d'ambition, et que des idées
communes sur le bien public les prépareraient à
y travailler de concert.

Et selon l'esprit du temps, fondant ses décrets
sur les paroles de l'Ecriture, il rappelait aux
grands que « le Dieu puissant et terrible, qui n'a
point d'égard aux personnes ni aux présents,
fait justice au pupille et à la veuve (2). »

(1) Voir *Variations de la Monarchie française*, par Gautier
de Sibert.

(2) *Deut.* X, 12 et *seq.* Par une ordonnance faite en 789
à Aix-la-Chapelle, dans laquelle Charlemagne établit l'égalité des poids et des mesures dans toutes les villes et les monastères, il cite ainsi un passage des proverbes : *Pondus et
pondus, mensuram et mensuram odit anima mea,* dit-il « un
poids et un poids, une mesure et une mesure : deux choses
abominables devant Dieu. » (Verset 10, *les Proverbes,*
ch. XX.)

Voir Leblanc, *Traités historiques des monnaies de France,*
p. 93 et suivantes.

« On voit dans les lois de ce prince un esprit de prévoyance qui comprend tout et une certaine force qui entraîne tout. » (Montesquieu, *Esprit des Lois.*)

« Quoi que des gens d'esprit en aient dit, il existe une alliance naturelle entre la religion et le génie. » Inspirés par le christianisme, ces rois, ces philosophes, ces chrétiens et ces poëtes du huitième et du neuvième siècle se réunirent dans un commun désir et dans les mêmes efforts, eux aussi cherchèrent et eurent l'ambition « de faire des hommes énergiques et réfléchis, sincères et généreux, de tous ces caractères sans élévation, de tous ces esprits sans idées, de tous ces moqueurs sans gaieté, de tous ces épicuriens sans imagination, qu'on appelle l'espèce humaine faute de mieux (1). »

M. Guizot, dans ses *Essais sur l'histoire de France,* porte encore ce jugement sur le gouvernement de Charlemagne : « Qu'était-ce donc, à tout prendre, que ce gouvernement? Un grand et noble fait, œuvre transitoire de la supériorité d'un homme, triomphe éphémère du système monarchique, uniquement dû au génie et à l'ascendant

______

(1) *Allemagne,* Mme de Staël.

du monarque, qui ne fonda point et ne pouvait fonder par des institutions, ni les libertés publiques, ni la royauté, mais qui, appelant la nation à son aide pour être vraiment roi, sut imprimer un moment au peuple et au pouvoir l'unité de sa pensée et de sa volonté. »

Avant de poursuivre le récit des interventions françaises et celui des changements qui se préparaient dans l'exercice du suffrage populaire, nous n'ajouterons plus qu'un mot : Ce dogme chrétien de la fraternité qui apprend au peuple comme au monarque qu'ils ont par Jésus-Christ le droit de dire au même titre : *Notre Père qui êtes aux cieux,* avait convaincu Charlemagne de l'obligation qu'a tout prince de rendre la justice sans acception de personnes. Il veillait, disent ses annales, à ce qu'aucun de ses sujets ne pût se plaindre qu'il eût refusé de l'écouter, ni qu'il eût remis sa cause à un autre temps, pouvant l'expédier sur l'heure.

La promptitude de l'expédition ne devrait-elle pas être toujours une des parties les plus importantes de la justice ?

VERS COMPOSÉS PAR CHARLEMAGNE ET ENVOYÉS
A LA REINE HILDEGARDE,
LORSQU'IL APPRIT LA MORT DE LEUR FILS LOTHAIRE (1).

EPITAPHIUM CLODOARII PUERI REGIS

Hoc satus in viridi servatur flosculus arvo,

Pulcrior in lacte condidiorque nive.

Donec altipotens veniat per sæcula judex,

Qui metet ostrifluas falce perenne rosas,

Hunc tua, Jordanis, sacrata protulit unda,

Pampinus Engaddi rore beavit eum.

(1) La reine Hildegarde était restée au palais de Casseneuil en Agenois (près de Villeneuve-d'Agen), pendant l'expédition de Charlemagne en Espagne. A son retour, ce monarque apprit qu'il lui était né deux fils, il fit nommer l'un des jeunes princes Lothaire, l'autre Louis. Bientôt après il partit pour l'Allemagne où il alla combattre les Saxons révoltés, c'est alors qu'il apprit la mort de Lothaire (nommé Clodoarii dans ces vers). Ce jeune prince avait alors de six à huit mois (an 778-779).

Vivida purpureis vaccinia cincta rosetis
Vernat, ventre solum gliscit in omne decus.
Pallida seu sandix inter viburna refulget,
Et rutit imbriferi cythisus altus aquis,
Et rutit obriza flagranti cocta camœnæ,
Et rutilat vario Indus honore lapis
Haud secus emicuit gracilis infantiæ nati,
Quem Pater omnipotens misit ad astra poli. .
Hic erat altus amor, perlita in melle sagitta
Vulnifico fodiit corda mucrone patris.
Heu ! genitricis hujus violavit gaudia lucis,
Decoxitque satis pectus adusta suæ.
Sola sed inde manet felix fiducia spei.
Quod talis cœli spiritus astra petit.
Hunc galeata phalanx non traxit ad arma duelli,
Perpetuus miles regnat in aula Dei.
Gazarum non hausit opes, non prædia rerum,
Nec rapuit mundi captus amore dapes.
Contentus cunulis Christi gratissimus heros,
Divitias meruit lactis ab amne poli.
Stemmate clarigero regali sanguine cretus
Aurea non valuit sceptra videre patris.
Priscorum nimium Regum devictus amore
Hlutharium genitor nomen habere dedit.
Ut gemini surgunt uno de germine flores,
Sic pariles genitrix fudit utrosque sinu.

Alter inante manens vernali cespite pollet,

Alter ad astra volans aurea secla tenet.

Hoc tibi care decus Carolus lacrymabile carmen.

Edidit, ensipotens Rex, genitorque tuus.

Ast ego, Nate, tibi genitrix Regina remitto

Hildegarda meus basia dulcis amor

Senosq. priùs menses quàm volveres annus,

Gemmula defloret nocte repulsa

Hoc niveum sacra præliba munus in ara

Judicis altithroni, virgo Maria precor,

O vos christicolæ, qui fertis munera templi,

Nobiscum matrem corde rogate, precor,

Ut patrem solio dignetur nominis alti

Adsociare suis vocibus illa sacris (1).

Obiit autem die VI Idus Febr. anno X, regnante patre ipsius Carl. gl. Rege.

(1) Nous rapportons ces vers de Charlemagne afin que l'on puisse juger de son talent comme poëte ainsi que de cette assertion de Thégan et de tous ses historiens : « Lorsqu'il parlait la langue romaine, disent-ils, il la parlait si bien que l'on aurait cru qu'il ne savait que celle-là. Mais, quand il parlait le tudesque, il brillait davantage ; s'il s'agissait de parler latin, il avait tant d'éloquence et de grâce à s'exprimer qu'on l'aurait pris pour un maître de l'art. »
Lorsque Eginhard a semblé dire que ce monarque ne savait pas écrire, il s'est servi du mot *effigiendis*, dessiner des lettres, cela doit s'entendre du grand caractère romain dont on renouvelle l'usage sous son règne, Charlemagne écrivait son monogramme de ce caractère. Ce même monogramme

était gravé sur le pommeau de son épée, et il ajoutait souvent cette souscription au bas des traités signés par lui : « Je l'ai signé du pommeau de mon épée et promets de le maintenir avec la pointe. » Eginhard assure aussi que Charles écrivit l'histoire des anciens rois, comprise en certains vers barbares. On conserve encore aujourd'hui dans la bibliothèque de l'empereur, dit Lambecius, un manuscrit qui contient une application de l'Epître aux Romains, sous le nom d'*Origène*, corrigé de la main de ce prince.

V. Lamb., bib.; l. 8, p. 645. — Bal., cap., t. I, p. 203. — Eginhard, p. 103, et *Histoire de la littérature de France par les religieux bénédictins*, de la Congrégation de Saint-Maur, t. IV, p. 370. — Dom Bouquet, t. V. — (Dom Mabillon remarque que Charlemagne est le premier roi qui ait remplacé par un C le K qui commençait jusque-là le nom de Charles).

TABLE DES MATIÈRES

Paris. — Rouge frères, Dunon et Fresné, rue du Four, 43.

ERRATA

———

Page 13, ligne 7. Au lieu de : Testamentum ab ipso *editium* ; lisez : Testamentum ab ipso *editum*.

Page 51, ligne 14. Au lieu de : on voit *aussi*; lisez : on voit *ainsi*.

Page 144, ligne 26. Au lieu de : Il arriva ainsi dans le diocèse de Lodève. *Il;* lisez : Il arriva ainsi dans le diocèse de Lodève. *A*.

Page 154, ligne 16. Au lieu de : M. Schœpling, associé étranger à l'Académie a fait des recherches, etc.; lisez : M. Schœpling, associé étranger à l'Académie, *dit l'auteur du mémoire*, a fait des recherches, etc.

Page 166, ligne 21. Au lieu de : Vit. *Ker.* Mag.; lisez : Vit. *Kar.* Mag.

Page 213, ligne 28. Au lieu de : on *renouvelle*; lisez : on *renouvela*.

Page 214, ligne 8. Au lieu de : une *application* de l'épître aux Romains; lisez : une *application* de l'épître aux Romains.